Fr. Moldenhauer

Geschichte des höheren Schulwesens der Rheinprovinz

unter preußischer Regierung

Fr. Moldenhauer

Geschichte des höheren Schulwesens der Rheinprovinz unter preußischer Regierung

ISBN/EAN: 9783743649873

Hergestellt in Europa, USA, Kanada, Australien, Japan

Cover: Foto ©ninafisch / pixelio.de

Weitere Bücher finden Sie auf **www.hansebooks.com**

GESCHICHTE

des

Höheren Schulwesens der Rheinprovinz

unter preufsischer Regierung.

Von

Fr. Moldenhauer,

Professor am Kgl. Friedrich Wilhelm-Gymnasium zu Köln.

Festgabe

zur 43. Versammlung deutscher Philologen und Schulmänner zu Köln.

Überreicht im Auftrage des Vereins Rheinischer Schulmänner.

Köln a. Rh.

Verlag von Paul Neubner.

1895.

Vorwort.

Die Werke und Schriften, welche sich mit der Geschichte des höheren Schulwesens befassen, haben bisher entweder das große Gebiet eines ganzen Landes in den Bereich ihrer Darstellung gezogen, oder sich mit dem Lebensgange hervorragender Schulmänner und Pädagogen und der Entwickelung einzelner Schulen begnügt. Die Geschichte der höheren Schulen eines einzelnen Landesteiles ist bis jetzt noch nicht geschrieben worden, wenn auch Fr. Thiersch 1838 in seinem Buche „Über den gegenwärtigen Zustand des öffentlichen Unterrichtes in den westlichen Staaten von Deutschland, in Holland, Frankreich und Belgien" den Versuch dazu gemacht hatte. Und doch gewährt gerade die Geschichte der Schulen eines solchen Landesteiles einen vorzüglichen Einblick in den Werdegang des ganzen allgemeinen Schullebens, zumal wenn es sich um eine Provinz, wie das Rheinland, handelt, dessen Bevölkerung durch ihre hohe intellektuelle Begabung und ihre treffliche materielle Entwickelung eine so hervorragende Stelle in unserem Vaterlande einnimmt. Andererseits hat das höhere Schulwesen der Rheinprovinz gewissermaßen ein abgeschlossenes Gebiet für sich gebildet, in welchem besonders in der ersten Zeit von der Regierung der weiteste Spielraum freier Bewegung und Entwickelung, je nach der Eigenart der Gegenden, Städte und Bewohner gelassen werden mußte. Ein Rückblick auf die 80 Jahre, welche seit der Reorganisation oder der Neuschaffung der rheinischen höheren Schulen verflossen sind, muß nunmehr die Beurteilung der Voraussetzungen und Kräfte gewähren, unter und mit welchen ihre Entwickelung stattgefunden hat, aber auch ihre Lebensfähigkeit und die Gewähr eines weiteren erfolgreichen Wirkens erkennen lassen. In diesem Sinne hat der „Verein rheinischer

Schulmänner" dem Unterzeichneten die ehrenvolle Aufgabe übertragen zur Begrüßung der 43. Versammlung deutscher Philologen und Schulmänner in Köln und im Rheinlande die Geschichte der Entwickelung der höheren Schulen dieser Provinz
zu schreiben. Die Lösung dieser Aufgabe war eine nicht leichte,
weil einerseits besonders für die erste Zeit die Quellen der
Forschung sehr spärlich fließen, andererseits mit den fortschreitenden Jahren das Material ein geradezu überwältigendes
wurde. Wenn es dem Verfasser nun gelungen sein sollte, in
dem knappen Rahmen einer Festschrift ein Bild des rheinischen
Schulwesens zu schaffen, welches, soweit es irgend möglich war,
alles Wesentliche in sich trägt und doch anschaulich und klar
bleibt, so muß er dafür seinen wärmsten Dank allen denen aussprechen, welche ihm zur Herbeischaffung des Materials behilf-
lich gewesen sind, zu allererst dem Königl. Provinzial-Schulkollegium zu Coblenz, dessen Mitglieder Geheimrat Münch,
Geheimrat Deiters und Dr. Buschmann, ihn mit ihrem Rat
unterstützt und vor allen Dingen ihm das reiche Aktenmaterial
des Archivs des Provinzial-Schulkollegiums, welches durch die
verdienstvolle Arbeit der Archivbeamten, besonders des Herrn
Hiddemann, in vortrefflicher Weise geordnet worden ist, zur
freiesten Verfügung gestellt haben. Dann aber gebührt der
Dank allen Direktoren und Kollegen der Rheinprovinz, welche
durch Übersendung der Programme, Schulschriften u. s. w. die
Herstellung dieser Schrift ermöglicht haben. Möge denn diese
Schrift dazu beitragen, die Kenntnis und das Verständnis für den
historischen Entwickelungsgang des höheren Schulwesens Deutschlands zu vertiefen und zu fördern.

Köln, den 25. September 1895.

Moldenhauer.

Litteratur.

Abiturienten-Prüfung, vornehmlich im Preußischen Staate. A. Urkundensammlung. 1831.

Akten des rheinischen Provinzial-Schulkollegiums zu Coblenz.

Baumeister, A., Handbuch der Erziehungs- und Unterrichtslehre für höhere Schulen. 1895.

Blanco, G. J. v., Versuch einer Geschichte der ehemaligen Universität und der Gymnasien der Stadt Köln. 1833.

Bigge, Geschichte des kathol. Gymnasiums an der Apostelkirche. 1862.

Blätter für höheres Schulwesen. Organ des Vereins von Lehrern an höheren Unterrichtsanstalten Preußens von Fr. Aly.

Bouterweck, W., Geschichte der lateinischen Schule zu Elberfeld. 1866.

Brockhues, H., Zur Geschichte der früheren höheren Schule zu Euskirchen. 1876.

Buschmann, Jos., Zur Geschichte des Bonner Gymnasiums. III. 1894.

Centralblatt für die gesamte Unterrichts-Verwaltung in Preußen.

Deutsche Schulgesetzsammlung. Centralorgan für das gesamte Schulwesen im Deutschen Reiche, Österreich und Schweiz von F. Ed. Keller.

(Deycks). Karl Wilhelm Kortüm. Ein Lebensbild. 1860.

Diesterweg, Heuser und Fuchs. Erinnerungen an Wilberg. 1847.

Domine, Geschichte des Gymnasiums zu Bonn. 1825.

Eberhardt, K., K. W. Magers Deutsche Bürgerschule. 1888.

Ellers, Gerd, Meine Wanderung durchs Leben. 1857.

— Zur Beurteilung des Ministers Eichhorn. 1849.

Engel, Beiträge zur Statistik des Unterrichtswesens im preußischen Staate und seiner älteren Provinzen. 1818—1867. 1869.

Euler, C., Geschichte der Methodik des Turnunterrichtes. 1891.

— und **Eckler, Gebh.,** Verordnungen und Bekanntmachungen, das Turnwesen in Preußen betr. von 1827—1866. 1884.

Gesetzgebung, Die, auf dem Gebiete des Unterrichtswesens in Preußen vom Jahre 1817—1868. Aktenstücke mit Erläuterungen aus dem Ministerium der geistlichen u. s. w. Angelegenheiten. 1849.

Görres, Jos., In Sachen der Rheinprovinz und in eigener Angelegenheit. 1822.

Grashof, C. F. A., Aus meinem Leben und Wirken. 1889.

Hellermann, K., Zur Geschichte des Realgymnasiums und der höheren Bürgerschule zu Essen. 1889.

Heinc, W., Geschichte des städtischen Realprogymnasiums zu Solingen. 1891.

Heinekamp, R., Die Lateinschule in Siegburg bis zum Jahre 1855. 1888.

Heinen, Fr., Die städtische Realschule I. Ordnung zu Düsseldorf. 1863.

Henke, Oscar, Chronik des Gymnasiums zu Barmen. 1890.

Hörting, W., Das höhere Schulwesen in M.-Gladbach seit Aufhebung der Abtei. 1887.

Jäger, Oscar, Geschichte des Königl. Friedrich-Wilhelms-Gymnasiums zu Köln. 1825—1875. 1875.

— Dem Verein rheinischer Schulmänner bei seiner 25. Jahresversammlung. 1888.

Jahrbücher für Philologie und Pädagogik von 1826 ab, fortgesetzt von Klotz und Fleckeisen.

— Neue, für die Turnkunst von Klofs.

Keller, Entstehung und Entwickelung der Realschule I. O. und der damit verbundenen Provinzial-Gewerbeschule zu Trier. 1882.

Kleine, Ad., Geschichte des Weseler Gymnasiums. 1882.

Korrespondenz-Blatt für die Philologenvereine Preufsens. 1893—1895.

Kritische Bibliothek für das Schul- und Unterrichtswesen von G. Seebode. 1819.

Krüger, Geschichte der Gewerbeschule in Saarbrücken. 1886.

Kunze, K., Kalender für das höhere Schulwesen Preufsens. 1895.

Landfermann, Dietrich Wilhelm, Erinnerungen aus seinem Leben. 1890.

Mathias, Adolf, Zur Geschichte der Gymnasialabteilung des Realgymnasiums zu Düsseldorf. 1888.

Milz, Heinrich, Geschichte des Königl. kath. Gymnasiums an Marzellen zu Köln. III. 1889.

Mitteilungen aus der Verwaltung der geistlichen, Unterrichts- und Medizinal-Angelegenheiten. 1847.

Monatsschrift für das Turnwesen von C. Euler und Gebh. Eckler.

Museum des Rheinisch-Westfälischen Schulmänner-Vereins von H. Graunt, D. Landfermann, B. Soekeland. 1891.

Mushacke, Preufsischer Schulkalender von 1854 ab.

— Gesetze und Verordnungen, betr. des preufsischen Realschulwesens.

Müller, C. F., Handbuch der gesamten preufsischen Schulgesetzsammlung. 1854.

Neigebauer, Darstellung der provisorischen Verwaltungen am Rhein von 1813—1819. 1821.

— Die preufsischen Gymnasien und die höheren Bürgerschulen. 1835.

Pädagogische Revue von W. Langbein. 1839.

Paulsen, Friedrich, Geschichte des gelehrten Unterrichtes. 1885.

Peter, F., Zur Geschichte des Gymnasiums in Saarbrücken. 1865.

Probst, H., Geschichte des Gymnasiums zu Cleve von 1817—1867. 1867.

Programme und Festschriften der höheren Schulen der Rheinprovinz von 1813—1895.

Raumer, K. v., Geschichte der Pädagogik. 1857.

Rethwisch, C., Deutschlands höheres Schulwesen im XIX. Jahrhundert. 1893.

Richter, G., Das höhere bürgerliche Schulwesen in seiner geschichtlichen Entwickelung, in Heft 5 der Schriften des deutschen Einheitschulvereins. 1889.

Rönne, L. v., Das Unterrichtswesen des preußischen Staates. 1855.

Rothert, Geschichte des Realgymnasiums zu Düsseldorf. 1888.

Schauenburg, E., Festschrift zur fünfzigjährigen Gedenkfeier der Gründung der Realschule zu Crefeld. 1869.

Schellen, H., Die Realschule I. O. zu Köln vor ihrer Gründung bis auf die gegenwärtige Zeit. 1878.

Schelbert, C. G., Das Wesen und die Stellung der höheren Bürgerschule. 1850.

Schmid, K. A., Encyklopädie des gesamten Erziehungs- und Unterrichtswesens. 2. Auflage. 1885.

Schmitz, W., Die Feier des 25jährigen Bestehens des Königl. Kaiser Wilhelm-Gymnasiums zu Köln. 1894.

Schneider, J. G., Das Gymnasium vor 50 Jahren und heute. 1878.

Schnütgen, E., Geschichte der höheren Lehranstalt zu Eupen. 1890.

Schrader, W., Erziehungs- und Unterrichtslehre für Gymnasien und Realschulen.

— Die Verfassung der höheren Schulen.

Spilleke, A., Gesammelte Schulschriften. 1825.

Steinbart, Historisch-statistische Notizen über die ersten 50 Jahre der Realschule zu Duisburg. 1881.

Thiersch, Fr., Über den gegenwärtigen Zustand des öffentlichen Unterrichtes in den westlichen Staaten von Deutschland, in Holland, Frankreich und Belgien. 1838.

Tophoff, Nachrichten über die höheren Schulanstalten, welche in Essen vor der Vereinigung derselben zu dem jetzigen Gymnasium (1819) bestanden haben. 1863.

— Beiträge zur Geschichte des Gymnasiums in Essen. 1865.

Treitschke, H. v., Deutsche Geschichte im XIX. Jahrhundert. 1879.

Tücking, K., Geschichte des Gymnasiums zu Neuß. 1888.

Varrentrapp, C., Johannes Schulze und das höhere preußische Unterrichtswesen in seiner Zeit. 1889.

Verhandlungen der Direktoren-Versammlungen in der Rheinprovinz. I. 1881. II. 1885. III. 1888.

— über die Reorganisation der höheren Schulen. 1849.

— über Fragen des höheren Unterrichtes in Berlin. 4.—17. Dezember 1890.

Wiese, L., Das höhere Schulwesen in Preußen. 1864. Fortgeführt von C. Kübler. 1888.

— A. G. Spilleke nach seinem Leben und seiner Wirksamkeit dargestellt. 1842.

Wilberg, J. F., Erinnerungen aus meinem Leben. 1836.

Willemsen, Die Rheinprovinz unter Preußen. 1841.

Wittenhaus, Die Entwickelung der höheren Lehranstalt in Rheydt. 1894.

Worbs, H., Geschichte des Königl. Gymnasiums zu Coblenz. 1882.

Zeitschrift für das Gymnasialwesen von Heydemann und Mützell. Fortgeführt von Bonitz, K. Kirchfelder, Kern, Müller. 1847—1895.

Zehme, W., Die Erlebnisse der Gewerbeschule zu Barmen. 1888.

EINLEITUNG.

Am 5. April 1815 erliefs. König Friedrich Wilhelm III. von Preufsen „an die Einwohner der mit der preufsischen Monarchie vereinigten Rheinländer" eine Proklamation, in welcher er auch die Verhältnisse des öffentlichen Unterrichtes berührte und das überall im ganzen Rheinlande mit der höchsten Freude vernommene Versprechen gab: „Ich werde die Anstalten des öffentlichen Unterrichtes für Eure Kinder herstellen, die unter den Bedrückungen der vorigen Regierung so sehr vernachlässigt wurden. Ich werde einen bischöflichen Sitz, eine Universität und Bildungsanstalten für Eure Geistlichen und Lehrer unter Euch errichten." Solche staatliche Hilfe und Fürsorge für das gesamte öffentliche Unterrichtswesen that dringend not. Unter der französischen Herrschaft war es lediglich zu einer Finanzspekulation herabgesunken. Der öffentliche Unterricht sollte der Staatskasse nicht nur nichts kosten, sondern derselben noch jährliche Einkünfte tragen. Die Schulgebäude mufsten den fremdartigsten Zwecken dienen, die Einnahmen sanken, die Lehrer gerieten in Bedrängnis, die Zahl der Schüler verminderte sich, der Unterricht war durchaus ungenügend. Napoleon wollte zu seinen Zwecken nur einzelne unterrichtete Männer, im übrigen war seinen despotischen Absichten wahre Volksbildung zuwider. In den Lyceen oder Kollegien war alles einseitig Französisch oder Napoleonisch geworden. Riesenschritte hatte der französische Geist schon in den höheren Schulanstalten gemacht, und zwei Drittel der Zeit wurde in denselben mit französischer Grammatik und Lektüre verschwendet. Die französische Universität übte einen aufserordentlich ungünstigen Ein-

fluß aus, sie vertrieb die Zöglinge, erpreßte von den Lehrern
bedeutende Summen für ihre Diplome und sanktionierte alle
eingeschlichenen Mißbräuche. Sie hatte sich auch mit nicht zu
verkennender Deutlichkeit geäußert, daß griechische und römische
Klassiker ziemlich entbehrlich seien, da die französische Litteratur
in jeder Gattung des Stils weit größere Muster aufstelle; man
dürfe auf den Geist und die Helden des Altertums nicht erst
zurückweisen, da der Geist des französischen Volkes alles, was
je ein Volk an Größe, Kraft und Edelmut entwickelt habe, in
sich vereinige, und der Held der französischen Nation den Ruhm
aller früheren Helden verdunkle. Die Muttersprache wurde vernachlässigt und vor einem klaren, belebenden Unterricht in der
Geschichte scheute sich die im Finstern waltende, den Todes-
mächten dienende Tyrannei. Noch schlimmer aber war es, daß
in den Rheinlanden das Bedürfnis einer gelehrten Bildung zu
schwinden begonnen hatte. Wer rechnen und schreiben konnte,
fand bei der französischen Büreaukratie eine gute Anstellung,
und so konnte man sich leicht bis zu den ersten Stellen hinauf-
schreiben und rechnen, während die einzigen Stellen, welche gelehrte
Bildung erforderten, die der Richter, am kärglichsten bezahlt waren.
Wie es mit den Lehrern bestellt war, das zeigen die Klagen,
welche nach Beendigung der französischen Herrschaft, ungestraft
sich ans Licht wagen konnten. Ein deutscher Lehrer, erzählt
Domine in der Geschichte des Bonner Gymnasiums, durfte in
der Klasse nicht einmal ein deutsches Wort aussprechen, wozu
er nicht selten Lust hatte, um sich seinen Schülern verständlich
zu machen, wenn er sich nicht der Gefahr aussetzen wollte, von
den französischen Schülern deswegen angeklagt zu werden, welches,
wenn es öfter geschah, üble Folgen haben konnte. Wurde ein
Lehrer durch Krankheit gehindert, Unterricht zu geben, so bekam
er keine Besoldung. War ein Lehrer von einem tyrannischen
Proviseur angeklagt oder auf andere Weise angeschwärzt, wozu
es in jener Zeit tausend Wege gab, so erhielt er ein Schreiben,
worin unwiderruflich seine Absetzung in folgenden kahlen Worten
ausgesprochen war: „Sie sind zu anderen Verrichtungen berufen.“
Von den anderen Verrichtungen war später nie mehr die Rede.
    Die Neugestaltung des Schulwesens in der Rheinprovinz,
besonders der höheren Schulen, in denen der französische Geist

am meisten um sich gegriffen hatte, mußte daher eine der ersten
Aufgaben der neuen preußischen Regierung sein. Schon vor
der endgültigen Besitzergreifung der Rheinlande durch König
Friedrich Wilhelm III. hatte der Geh. Staatsrat Sack, welchem
als Generalgouverneur die Verwaltung des Mittelrheins und des
Niederrheins übertragen worden war, für die Anbahnung besserer
Verhältnisse gesorgt. Er hatte durch den bisherigen Direktor des
Gymnasiums zu Prenzlau, den Konsistorialrat Dr. Karl Friedrich
August Grashof, den er zum Direktor des öffentlichen Unterrichtswesens ernannt hatte, und durch Dr. Josef Görres, welcher
bisher das Schulwesen des südlichen Teiles der Provinz verwaltet
hatte, die Rheinlande bereisen lassen, um sich genaue Kenntnis
von den gegenwärtigen Zuständen zu verschaffen. Auch die
Bürgermeister wurden aufgefordert, genaue Nachrichten über den
Stand der Schulen einzuliefern. Dann wurde unter dem Vorsitz
des Dr. Grashof eine Kommission von einsichtsvollen Geistlichen
und Schulmännern eingesetzt, um einen Plan zur Neugestaltung
des gesamten Schulwesens zu entwerfen. Doch ehe nach der
am 14. September 1819 erlassenen „Vorläufigen Instruktion für
die Direktoren und Prinzipale der Gymnasien, Kollegien und
anderer gelehrter Schulen" die Neuordnung der höheren Anstalten beginnen konnte, erfolgte am 30. April 1815 die Teilung
der Rheinlande in die beiden Provinzen Cleve-Berg und Großherzogtum Niederrhein. Zum Oberpräsidenten der ersteren wurde
Sack mit dem Sitz der Regierung in Düsseldorf bestimmt, das
Großherzogtum Niederrhein sollte der Reichsgraf von Solms-
Laubach von Köln aus verwalten. Nun als Oberpräsident erließ
Sack am 6. Dezember 1815 zu der im vorigen Jahre veröffentlichten Instruktion nähere Bestimmungen, welche die Grundlage
des neuen rheinischen höheren Schulwesens bilden sollten. Es
werden in diesem wichtigen Aktenstücke Schulen für niedere,
mittlere und höhere Bildung oder allgemeine Stadtschulen, höhere
Stadtschulen und Gymnasien unterschieden. Die wichtigsten Bestimmungen darüber sind folgende:

1) Nachdem in den allgemeinen Elementarschulen der Knabe
durch das Lernen so weit gediehen ist, daß er sich eines höheren
Unterrichtes empfänglich zeigt, giebt es bis zu seinem Eintritt
ins Leben oder in eine für ein besonderes Fach zunächst vor-

bereitende Spezialschule noch verschiedene Stufen der allgemeinen
Bildung zu durchgehen, bei denen wir drei Hauptabteilungen mit
verschiedenen Unterabteilungen unterscheiden können. Jene drei
Hauptstufen sind: die niedere, mittlere und höhere Bildungsstufe.

2) Die niedere Bildungsstufe allein kann nur für die be-
schränkteren Zwecke des bürgerlichen Lebens die allgemeine
Vorbereitung gewähren, und umfaßt alsdann, wenn sie isoliert
dasteht, und nach obenhin geschlossen erscheint, etwa den Zeitraum von drei Jahren in dem Umfange zweier Klassen. Am
besten wird sie nach untenhin mit der allgemeinen Elementarschule zu einem zusammenhängenden Ganzen vereinigt, und
heißt alsdann, insofern sie sich auf dem Lande wohl nicht leicht
finden möchte, für die Bedürfnisse einer jeden Stadt aber durchaus notwendig ist, allgemeine Stadtschule überhaupt. In
dieser Verbindung muß sie wenigstens vier Klassen mit vier
Hauptlehrern, einem Schreib- und Zeichnenlehrer und einem
Gesanglehrer, womöglich auch mit einem Lehrer zur Leitung
der stufenmäßigen körperlichen Übungen haben, und führt ihre
Zöglinge so weit, daß sie mit dem Ende des 12. oder 13. Jahres
im stande sind, ein Handwerk, eine Kunst oder ein anderes
Fach der bürgerlichen Thätigkeit niederer Art mit einer freieren
und selbst höheren Ansicht zu ergreifen, die es ihnen nicht erlaubt, in dem Schlamme des bloß praktischen Lebens zu Grunde
zu gehen.

3) Die niedere und mittlere Bildungsstufe, fest zusammen-
hängend und ineinandergreifend, geben eine entweder auch nach
untenhin von der Elementarschule gesonderte, wiewohl dieselbe
voraussetzende, oder eine mit dieser verbundene allgemeine
Bildungsanstalt, die, indem sie dem Menschen als Menschen einen
freien Spielraum für seine geistigen Kräfte gewährt, auch zugleich für die minder beschränkten, und selbst höheren Zwecke
des bürgerlichen Lebens vorbereitet, insofern diese nicht ein
gründlicheres Studium der alten Sprachen als notwendig voraussetzen. Es heißt diese Anstalt, sie bestehe für sich allein, oder
in Verbindung mit der Elementarschule, eine allgemeine
höhere Stadtschule; und wird in diesen Provinzen ungefähr
dem Begriff eines Kollegiums entsprechen. Sie umfaßt, wenn

sie isoliert steht, etwa den Zeitraum von sechs Jahren, und erfordert für die Vollendung ihres Zweckes vier Klassen mit fünf Hauptlehrern, und den oben angegebenen Nebenlehrern, wozu noch ein oder zwei Hilfslehrer nach Beschaffenheit der Umstände genommen werden können. Ist sie mit der Elementarschule vereinigt, so |bedarf sie sechs Klassen und sieben Hauptlehrer, ohne die erforderlichen Hilfs- und Nebenlehrer. In beiden Fällen entläfst sie ihre Zöglinge etwa im 14. oder 15. Jahre unmittelbar ins praktische Leben, oder in eine Spezialschule, oder in die oberen Klassen des Gymnasiums.

4) Gesellt sich zu jenen beiden Bildungsstufen noch die höhere, so entsteht daraus eine allgemeine Vorbereitungsschule für den Gelehrten, die sich |nach obenhin an die Universität, nach untenhin an die Elementarschule anschliefst, von beiden aber als eine für sich bestehende Anstalt getrennt ist. Sie erhält nur ihren eigentümlichen Charakter durch das Vorherrschende der alten Sprachen, die sie schon in ihren untersten Abteilungen fest ins Auge fafst, indem sie eine Vollendung am Ende einer jeden Bildungsstufe für die niederen Zwecke des praktischen Lebens und zum Übergange in dasselbe nur als einen Nebenzweck betrachtet, auf den sie nur da einige Hinsicht zu nehmen hat, wo aufser ihr an demselben Orte keine der beiden vorher erwähnten allgemeinen Schulen bestehen kann. Diese Anstalt heifst ein Gymnasium, umfafst für ihre Zöglinge einen Zeitraum von etwa zehn Jahren, nämlich zwei in der unteren, drei in der mittleren, und fünf in der oberen Bildungsstufe, und erfordert für jede derselben zwei, also im ganzen sechs Klassen mit einem Direktor, drei Oberlehrern, ebensovielen Unterlehrern, und einer gleichen Anzahl von Hilfslehrern, zu denen dann noch die in den vorerwähnten Schulen nötigen Nebenlehrer kommen.

5) Nach der Zahl der Klassen und Lehrer, deren Fundierung in dieser oder jener Stadt zweckmäfsig erscheint, wird es sich nun bestimmen, auf welchen Zweck die daselbst eingerichtete Schule Anspruch zu machen hat, den sie dann auch schon durch ihren Namen aussprechen mufs. Abweichungen von der aufgestellten Norm werden als beständige Formen nicht geduldet, und können nur einstweilen erlaubt sein, um zu dem Übergange

aus der mangelhaften Form in die vollkommenere die nötige Zeit und die nötigen Kräfte zu gewinnen.

6) Mit Bezug auf die Bedürfnisse dieser Provinzen, für welche die Kenntnis der lateinischen Sprache bis zu einem gewissen Grade auch in den mittleren Ständen ihren Wert hat, und um auch in kleineren Städten den Eltern, welche ihren Kindern eine höhere Bildung geben wollen, Gelegenheit zu verschaffen, wenigstens die ersten Grade derselben unter ihren Augen und mit geringeren Kosten zu erwerben, soll es den allgemeinen Stadtschulen der beiden unteren Grade erlaubt sein, von den an den fünf wöchentlichen Unterrichtstagen täglich bestimmten sechs öffentlichen Lehrstunden eine der lateinischen Sprache zu widmen; jedoch so, daß dieser Unterricht in einer allgemeinen Stadtschule nie die Grenzen der beiden unteren Klassen eines Gymnasiums, in einer allgemeinen höheren Stadtschule (einem Kollegium) nie die Grenzen der vier unteren Klassen derselben überschreite. — Dagegen bleibt der lateinische Unterricht aus den Elementarschulen ganz und gar verwiesen, und gilt dieses Gesetz von jetzt an allgemein, sowie dagegen das Griechische in den allgemeinen Stadtschulen des untersten Grades gar nicht, in denen des zweiten Grades nur außer den öffentlichen Lehrstunden gelehrt werden darf. Ein Übergang zur Universität, auf welcher allein die nächste Vorbereitung für ein bestimmtes Gelehrtenfach gewonnen werden kann, und von welcher allein künftig junge Männer in die praktische Laufbahn eines solchen Faches aufgenommen werden, findet nur aus der obersten Klasse eines Gymnasiums statt, und es bleiben bei der nahe bevorstehenden Einrichtung einer rheinischen Universität die näheren Bestimmungen darüber einer besonderen Instruktion vorbehalten. Wenn also in einer Stadt nur ein Kollegium fundiert worden, so müssen die für ein Gelehrtenfach bestimmten Zöglinge desselben, ehe sie zur Universität übergehen können, noch die beiden oberen Klassen eines Gymnasiums absolvieren.

7) Um indessen vorzügliche Talente auch aus der Klasse der weniger Begüterten an solchen Orten, wo kein Gymnasium ist, für die Wissenschaften fortdauernd zu erhalten, wird die Regierung Sorge tragen, daß an jedem ihren Anforderungen entsprechenden Gymnasium für die beiden oberen Klassen des-

selben besondere Stiftungen gegründet werden, durch welche dergleichen Individuen nicht nur freien Unterricht, sondern auch eine angemessene Unterstützung für ihre übrigen Bedürfnisse genießen.

Der Gouverneur Sack selbst konnte nicht mehr die Neugestaltung des rheinischen höheren Schulwesens, wie er es gern gewünscht hätte, nach diesem von ihm entworfenen Plane beginnen; im März 1816 wurde er als Oberpräsident nach Stettin berufen. Darauf trat am 21. April eine Neuordnung der rheinischen Lande in Kraft, welche die beiden Oberpräsidialbezirke des Großherzogtums Niederrhein mit den Regierungen zu Coblenz, Aachen und Trier und der Herzogtümer Jülich, Cleve und Berg mit den Regierungen zu Köln, Düsseldorf und Cleve unterschied. Oberpräsident der Herzogtümer wurde Graf von Solms-Laubach, der des Großherzogtums Niederrhein der Geh. Staatsminister v. Ingersleben; unter ihnen standen für die Schulangelegenheiten der Herzogtümer das Konsistorium Coblenz, und für die des Niederrheins das Konsistorium Köln, an der Spitze des ersteren nach der Verabschiedung von Josef Görres, welcher im April 1814 die Leitung des öffentlichen Unterrichtes erhalten hatte, Johannes Schulze, an der des letzteren C. F. A. Grashof. Auch als nach dem Tode des Grafen von Solms-Laubach im Jahre 1822 die beiden Provinzen in eine verschmolzen wurden, blieben die Konsistorien noch getrennt, bis am 15. Februar 1826 auf Grund eines Allerhöchsten Erlasses vom 31. Dezember 1825 die Vereinigung derselben zu dem rheinischen Konsistorium und dem rheinischen Provinzial-Schulkollegium mit dem Sitze in Coblenz erfolgte. In diesem Jahre wurde auch eine besondere katholische Schulratsstelle in den Etat aufgenommen; dieselbe wurde zuerst provisorisch von dem Kanonikus Günther, dann von Ant. Brinkmann, dem späteren Weihbischof in Münster, verwaltet; 1831 bis 1839 war Dr. Th. Brüggemann katholischer Schulrat, von 1840 bis 1842 W. H. Korten, von 1843 bis 1874 Dr. C. W. Lucas, von Ostern 1874 bis Herbst 1875 Dr. Stauder, ihm folgte v. Raczeck bis 15. August 1879, wo er starb. Im Herbst 1879 trat Dr. Vogt zunächst als Hilfsarbeiter ein und wurde Ostern 1880 Provinzial-Schulrat. Er starb am 1. Februar 1885. Seit Juni 1885 ist Geheimer Regierungsrat Dr. Deiters im Amt.

Außerdem waren insbesondere für das Seminarwesen angestellt worden: Dr. Linnig Ostern 1876. Die Zahl der Stellen wurde seit 1894 auf fünf vermehrt; die neue Stelle erhielt am 1. August 1894 Dr. Buschmann. Evangelische Schulräte waren Dr. Johannes Schulze 1816 bis 1818, Dr. Friedrich Lange bis 1833, Dr. Gerd Eilers bis 1840; seit 1841 Dr. Dietr. W. Landfermann bis 1873; dann Dr. Ernst Höpfner bis Ostern 1888, von da ab Geheimer Regierungsrat Dr. W. Münch. Für das Seminarwesen waren als evangelische Schulräte angestellt: Dr. Wendland Ostern 1881 bis 1. Juni 1889, wo Dr. Henning an seine Stelle trat.

I

Die äufsere Entwickelung der höheren Schulen.

1. Die Gymnasien.

Als vom Konsistorium in Coblenz Johannes Schulze und in Köln Grashof die schwierige Aufgabe der Neugestaltung des höheren Schulwesens, vor allen Dingen der Gymnasien übernahmen, fanden sie in ihren Regierungsbezirken wohl wenige höhere Schulen vor, welche auf den Namen Gymnasium Anspruch machten, wie Trier, Aachen, Düren, Köln, Düsseldorf, Bonn, doch entsprachen diese mit Ausnahme von Köln und Düsseldorf in keiner Weise den von der preufsischen Regierung gestellten Anforderungen. Aufserdem waren noch Trümmer eines höheren Schulwesens vorhanden in Coblenz, Kreuznach, Saarbrücken, Wetzlar, Duisburg, Wesel, Cleve, Essen und Elberfeld. Es fehlte an genügenden finanziellen Mitteln, vor allem aber an geeigneten Lehrern. Hier griffen nun die beiden bewährten Schulmänner mit thatkräftigem Eifer ein. Durch ein Reskript vom 14. März 1816 war Johannes Schulze, welcher bisher Direktor des Gymnasiums zu Hanau gewesen war, zum Schulrat in Coblenz ernannt worden; schon Görres hatte auf ihn als einen hervorragenden Schulmann aufmerksam gemacht. Von dem milden und freundlichen, das Schulwesen verständnisvoll leitenden Oberpräsidenten v. Ingersleben in jeder Weise unterstützt, begann er zuerst mit der ihm zunächst liegenden Anstalt in Coblenz. An diesem früheren kurfürstlichen Gymnasium, welches an die Stelle des 1773 geschlossenen Jesuitenkollegs getreten war, hatte schon Görres zu bessern gesucht, aber der in den sechs Klassen erteilte Unterricht, welcher sich fast nur auf die lateinische Sprache beschränkte, war bei dem Mangel an ordentlichen Lehrern völlig ungenügend geblieben. Die beiden oberen Klassen mußten fast immer kombiniert werden. Schulze gelang es, vom Staate die nötigen Mittel zu erhalten und so schon im Winter 1816 das Gymnasium in einen besseren Zustand zu bringen. Bereits 1819 wurde die erste Abiturientenprüfung nach dem scharfen Prüfungs-reglement abgehalten, welches im Jahre 1812 für die alten preußischen Gymnasien erlassen worden war. Nicht geringere Schwierigkeiten als in Coblenz hatte Schulze in den übrigen Städten zu beseitigen. Es darf dabei nicht außer Acht gelassen werden, daß die Bevölkerung den neuen Einrichtungen im Schul-wesen mit Mißtrauen und Besorgnis gegenüberstand, einmal weil den Gemeinden größere finanzielle Opfer zugemutet wurden, dann aber auch, weil die Gymnasialzeit, für welche früher fünf bis sechs Jahre ausgereicht hatten, auf acht Jahre verlängert wurde. Dazu kam noch die größere Menge der Lehrobjekte, die Überbürdungsfrage begann schon jetzt eine Rolle zu spielen, derentwegen viele Eltern in Besorgnis für ihre Söhne gerieten. Doch trotz alledem konnte auch schon für Aachen, Trier und Wetzlar die Abiturientenprüfung für das Jahr 1818 beantragt und 1819 wirklich ausgeführt werden, so daß im Großherzog-tum Niederrhein am Schluß des Jahres 1818 Coblenz, Aachen, Trier und Wetzlar als voll anerkannte Gymnasien angesehen wurden. Die alte Jesuitenanstalt in Aachen war in der fran-zösischen Zeit am 1. Dezember 1805 zuerst als École secondaire communale de la ville d'Aix-la-Chapelle mit 7 Klassen eröffnet worden; sie hatte dann 1808 durch ein kaiserliches Dekret den Namen Collége erhalten, dessen Prinzipal seit dem 7. Februar 1811 Direktor Erkens wurde. Nach der durch Sack vorgenom-menen Änderung wurde die Anstalt schon 1817 von 98 Schülern besucht.

In Trier war das unter französischer Herrschaft bestehende Collége, welches auch hier an die Stelle der alten Jesuitenschule getreten war, schon 1815 als vollberechtigtes Gymnasium aner-kannt worden, so daß bereits 1816 die erste Abiturientenprüfung seitens der Staatsbehörde stattfinden konnte. Von besonderer Bedeutung namentlich für den rechtsrheinischen Teil der Pro-vinz war die Neugestaltung des Gymnasiums in Wetzlar.

Hervorgegangen aus der 1799 gegründeten „lutherischen Ober-
schule", welche 1809 durch den Fürst-Primas v. Dalberg reorga-
nisiert. worden war, hatte dasselbe doch bei dem Mangel an
Lehrkräften seine 4 Klassen in zwei zusammenziehen müssen.
1817 hatte die ganz verwahrloste Schule, da auch der Rektor
seine Stelle niedergelegt hatte und nur zwei Lehrer übrig geblieben waren, 13 Schüler, welche alle in der untersten Klasse
saßen. Die eingehende Darstellung, welche Schulze über diese
traurigen Verhältnisse, sowie über die hohe Bedeutung Wetzlars
erstattete, bewog das preußische Ministerium einen bedeutenden
jährlichen Zuschuß zu geben. Und als es in Philipp Ludwig
Snell, welcher in Idstein sich als ein tüchtiger Schulmann be-
währt hatte, einen neuen Direktor erhalten hatte, da konnte das
Gymnasium 1817 mit 4 Klassen und 67 Schülern wieder eröffnet
werden, und 1819 zählte es sogar schon 160 Schüler. In diesem
Jahre kam auch die 5. Klasse, die V., hinzu, die VI. wurde erst
im Jahre 1844 eingerichtet.

Mit nicht minderer Thatkraft und Umsicht begann Grashof
in den Herzogtümern Cleve-Berg die Reorganisation des höheren
Schulwesens, und zwar zuerst in Köln, welches ihm der beste
Mittelpunkt zu sein schien, von welchem sich wieder die deutsche
Bildung und ein wahrhaft wissenschaftlicher Sinn in den ihm
untergebenen Regierungsbezirken ausbreiten konnte. Auch waren
hier bedeutende finanzielle Mittel vorhanden, sowie eine verhältnismäßig größere Anzahl brauchbarer Lehrer. Aus den von
der französischen Regierung eingerichteten beiden Anstalten, der
École secondaire communale de premier degré und der École
secondaire de second degré wurde an Stelle der Schule zweiten
Grades das „Kölnische Gymnasium" mit den vier oberen Klassen
geschaffen, welches seinen Sitz in dem ehemaligen Jesuiten-
Kollegium erhielt; an die Stelle der Schule des ersten Grades
dagegen traten zwei genau an jenes sich anschließende Vor-
bereitungsanstalten oder Kollegien, deren jedes 4 Klassen um-
faßte. Diese Kollegien standen einander in jeder Beziehung
gleich und waren als vorbereitende Anstalten unter die Ober-
leitung des Direktors des Gymnasiums gestellt, obgleich jede
für sich einen Vorsteher hatte. Der einen, welche in den beiden
oberen Stockwerken des Jesuiten-Gebäudes ihre Lehrzimmer er-

hielt, gab man den Namen „Jesuiten-Kollegium", der anderen, für welche im südlichen Teile der Stadt Räume im ehemaligen Karmeliter-Kloster eingerichtet wurden, den des Karmeliter-Kollegiums. An einem jeden Kollegium arbeiteten vier Hauptlehrer, deren einem auf die Dauer eines Jahres das Vorsteheramt übertragen wurde, mit einem Hilfs- und Schreiblehrer. Am 24. April 1815 wurden die neuen Anstalten mit besonderer Feierlichkeit durch Grashof eröffnet; zum Direktor wurde im Oktober desselben Jahres Prof. Seber aus Aschaffenburg berufen. Die Anstalten blühten rasch auf, das erste Abiturientenexamen konnte schon 1816 abgehalten werden. An Stelle des 1818 an die neugegründete Universität Bonn berufenen Direktors Seber trat 1819 der bisherige erste Oberlehrer Prof. Heuser, unter welchem sich eine wichtige Veränderung der Anstalten vollzog. Mit dem Beginne des Schuljahres 1819/20 trat nämlich das Karmeliter-Kollegium, dem die beiden mittleren Klassen, Quarta und Tertia, hinzugefügt wurden, als unabhängige Anstalt ins Leben und gestaltete sich bis 1825 zu dem Friedrich-Wilhelms-Gymnasium aus, dessen Leitung Grashof neben seiner sonstigen Thätigkeit übernahm. Dagegen ging das Jesuiten-Kollegium ein und bildete mit den alten vier oberen Klassen verbunden das Jesuiten-Gymnasium.

In Bonn hatte es das gütige Geschick gefügt, dafs unter den Stürmen der Zeit doch dem Gymnasium das Schulvermögen im wesentlichen ungeschmälert erhalten werden konnte, so dafs nach den gleich nach dem Abzuge der Franzosen im Anfang des Jahres 1814 von dem Generalgouverneur Justus Gruner getroffenen Anordnungen Görres mit der Reorganisation des in ein „Schulkollegium" verwandelten französischen Lyceums beginnen konnte. Doch hat die Anstalt diesen Namen nie geführt; da fast gleichzeitig eine Verfügung Sacks erging, nach welcher sie sich als Gymnasium zu bezeichnen hatte. Einige Zeit blieb das neue Gymnasium ohne Haupt, da der zum Direktor von seinen Amtsgenossen vorgeschlagene vormalige Censor Gall es vorzog, bei dem Gouvernement in Jülich als Generalsekretär einzutreten; erst 1818 gelang es, in dem früheren baierischen Gymnasialdirektor Nik. Jos. Biedermann den Leiter der Anstalt zu finden, und damit die Gestalt des Lehrkörpers zu einem gewissen Abschluß zu bringen, der nunmehr außer dem Direktor sieben Lehrer und einen Hilfslehrer, zwei Unterlehrer, einen Schreib- und zwei Zeichenmeister zählte. Die erste Reifeprüfung wurde Ostern 1819 abgehalten; 1816 hatte das Gymnasium 126 Schüler gezählt, deren Zahl schon im Jahre 1819/20 auf 215 anwuchs.

In Düsseldorf sollte die unter der baierischen Regierung zu einem Lyceum umgestaltete Jesuitenschule im Jahre 1814 durch den bergischen Generalgouverneur Justus Gruner zu einem „Gymnasium illustre" erhoben werden, gleichsam als Ersatz für die von Napoleon geplante und nicht zur Ausführung gekommene Universität. Dann aber blieb es bei dem Gymnasium, welches mit Einschluß des Direktors Kortüm acht ordentliche Lehrer mit dem Titel „Professoren" erhalten sollte. Dem als Lehrer und Pädagogen gleich ausgezeichneten Direktor Dr. Fr. Kortüm ließ man in erfreulicher Weise freie Hand, die nötigen Einrichtungen zu treffen. So gestaltete er Schritt vor Schritt das Neue, mit möglichster Schonung des Alten. Gerecht wie er war, gedachte er, selbst evangelisch, der ursprünglich katholischen Anstalt ihren Charakter treu zu erhalten und danach bei den neuen Berufungen sich vorzüglich zu richten. Aber an tüchtigen katholischen Lehrern fehlte es durchaus. So wurde der später so bedeutende Dr. Friedrich Kohlrausch, damals Vorsteher eines Erziehungsinstitutes in Barmen, berufen, und Dr. Fr. Strack, so daß die preußische Regierung, als sie 1815 die Schule übernahm, sechs Klassen mit sechs katholischen und vier evangelischen Lehrern vorfand. Dies Lehrerkollegium war aber ein so gut gewähltes und vortreffliches, wie es selten zu finden sein wird, so daß die Anstalt rasch zu jener ersten Blüte erwuchs, deren Andenken noch lange in der Rheinprovinz frisch und lebendig geblieben ist. Schon 1816 zählte das Gymnasium 159 Schüler und vier derselben konnten mit dem Abiturientenzeugnisse aus der Prima entlassen werden. Die Anstalt nahm dann stetig zu, im Schuljahre 1822/23 war sie bereits von 311 Schülern besucht. Im Herbst dieses Jahres wurde der Direktor Kortüm zum Konsistorial- und Schulrat bei der Kgl. Regierung in Düsseldorf ernannt, behielt aber als erster Direktor die oberste Leitung der Schule; ihm zur Seite trat als zweiter Direktor der Professor

Theodor Brüggemann, der spätere Provinzial-Schulrat in **Coblenz**. Kortüm ist es zu verdanken, daſs der Plan der Regierung, zwischen der Akademie der bildenden Künste in Düsseldorf und dem **Gymnasium** eine Verbindung zu stiften, nicht zur Ausführung kam. Er hat den eigentlichen humanistischen Zweck des Gymnasiums überall klar ins Auge gefaſst und jedes Fremdartige und Störende ihm fern zu halten verstanden.

Im Oktober 1817 waren die Rechte und Pflichten der Provinzialbehörden für das Schulwesen festgesetzt worden, nunmehr wurde auch hinsichtlich der obersten centralen Leitung desselben die bedeutsamste Änderung getroffen, indem durch die Kabinettsordre vom 3. November 1817 das Departement für den Kultus und öffentlichen Unterricht und das damit in Verbindung stehende Medizinalwesen vom Ministerium des Innern losgelöst und selbständig konstituiert wurde. „Die Würde und Wichtigkeit der geistlichen und der Erziehungs- und Schulsachen", erklärte der König, „macht es rätlich, diese einem eigenen Minister anzuvertrauen und Ich ernenne dazu den Staatsminister Freiherrn von Altenstein." Gleich in den ersten Jahren des neuen Ministeriums, in welches auch von Coblenz Johannes Schulze als Referent über das Gymnasialwesen und bald auch über die Universitätsangelegenheiten berufen wurde, wurden Beratungen über ein umfassendes Unterrichtsgesetz gepflogen. Der König setzte eine Immediatkommission zur Ausarbeitung eines Entwurfes einer allgemeinen Schulordnung ein. Im Sommer 1819 wurde der von dieser Kommission fertiggestellte Entwurf dem Staatsministerium zur Prüfung überwiesen; doch Altenstein hielt es für nötig, erst die Provinzialbehörden über denselben zu hören, damit die sehr verschiedenartigen provinziellen Verhältnisse genügend bei dem Erlasse eines solchen wichtigen Gesetzes berücksichtigt werden könnten. So trat für die Provinz Niederrhein im Dezember 1819 und 1820 für die Provinz Cleve-Berg je eine Kommission zusammen, welche, wie die Akten des Provinzial-Schulkollegiums zeigen, in sehr eingehender Weise den vorgelegten Entwurf ihrer Beurteilung unterzogen. In dem Gutachten der ersten Kommission war über die Gymnasien ihres Ressorts nichts besonderes bemerkt worden, dagegen giebt der Bericht der zweiten ein genaueres Bild des damaligen Standes des höheren Schulwesens.

Nachdem zuerst, ähnlich wie in dem ersteren Gutachten entschieden betont worden ist, daß auf die Eigenart der rheinischen Lande, welche so vielfach von den übrigen Provinzen abweichen, Rücksicht genommen werden müsse, wird der Wunsch ausgesprochen, daß die Provinz die erforderliche Anzahl von öffentlichen allgemeinen Schulen jedes Grades in der möglichst kürzesten Zeit erhalte. „Vollständige Gymnasien, welche dem § 13 des allgemeinen Gesetzes in ihrem ganzen Umfange zu entsprechen im Stande sind, bestehen in der Provinz zu Köln, Düsseldorf und Bonn, auch soll das Gymnasium zu Cleve die dazu erforderliche Erweiterung erhalten. Welche Anstalten außerdem als kleinere Gymnasien bestehen und die Befugnis erhalten können, zur Universität zu entlassen, wird für jeden einzelnen Fall in den Provinzialblättern angezeigt werden. Wollen dergleichen Anstalten auf den Namen und die Vorrechte der Gymnasien Anspruch machen, so müssen sie nachweisen, daß sie in wenigstens vier getrennten Klassen die in der allgemeinen Schulordnung am Ende des § 13 bezeichneten engeren Grenzen vollständig zu erreichen im Stande sind, wozu außer der hinreichenden Zahl von Lehrern auch eine besonders glückliche Wahl derselben erforderlich ist. Geht schon aus dem eingereichten Plane hervor, daß die Anstalt das vorgesteckte Ziel nicht erreichen kann, oder ergiebt sich aus der Erfahrung weniger Jahre, daß die Ausführung dem Plane nicht entspricht, so wird das nachgesuchte Privilegium verweigert oder resp. suspendiert und nach Umständen ganz aufgehoben. Auch diejenigen Schulen der Provinz, welche als höhere Stadtschulen anzusehen sind, sollen in den Amtsblättern der Provinz besonders angezeigt werden. Für jetzt werden außer den Gymnasien zu Wesel, Duisburg und Münstereifel die höheren Schulen zu Kempen, Elberfeld, Essen, Neuß und das Karmeliter-Kollegium zu Köln als solche genannt, welche für die obern und resp. für die dritte Klasse eines Gymnasiums vorzubereiten im Stande sind und für welche der § 5 des Edikts vom 12. Juli 1810 „die allgemeine Prüfung der Schulamtskandidaten" anwendbar ist. Die Stadtschulen zu Moers und Siegburg sind zu einer gleichen Erweiterung bestimmt. Daß jede einigermaßen bedeutende Stadt der Provinz eine allgemeine Stadtschule erhalte, welche einen höheren Grad von Bildung als

die Elementarschule zu geben vermag, unter den mittleren
Ständen begründe und zugleich für die mittleren Stufen des
Gymnasiums vorbereite, ist von dem erhöhten Interesse der
Gemeinden für das Schulwesen zu erwarten. Die besonderen
Verhältnisse dieser Provinz aber bringen es mit sich, daß nicht
bloß Städte, sondern auch Landgemeinden, welche an Umfang
und Wohlhabenheit den Städten gleich stehen, auf eine solche
Erweiterung ihres Schulwesens Anspruch machen können, und
in diesem Falle sollen die in ihrer Mitte errichteten Schulen des
zweiten Grades den Namen der allgemeinen Mittelschulen
führen."

Das Unterrichtsgesetz, für welches das Gutachten der Provinzial-Schulkollegien eingefordert worden war, kam allerdings
nicht zu Stande; aber die Regierung ließ es trotzdem nicht an
sich fehlen, besonders in der Rheinprovinz für die weitere Einrichtung und Ausgestaltung der höheren Schulen zu sorgen. So
wurde in Kreuznach im Jahre 1819 durch den Direktor Gerd
Eilers ein vierklassiges Gymnasium eröffnet, welches schon 1821
die ersten Abiturienten entlassen und sich durch Hinzufügung
der VI und V zu einem vollständigen Gymnasium ausbilden
konnte. In Düren hatten zwar die finanziellen Verhältnisse die
größten Schwierigkeiten bereitet, weil hier die französische Regierung das ganze Schulvermögen zu Gunsten des Domänenfiskus
veräußert hatte, doch gelang es, nachdem die Stadt den Schul-
etat erhöht hatte, im Jahre 1826 unter dem Direktor Jacob
Meyer die dort bestehende Anstalt als vollständiges Gymnasium
auszubauen, welches 1827 die ersten Abiturienten entlassen konnte.
In Saarbrücken waren an der ehemaligen Bürgerschule sämtliche Lehrer zugleich noch Stiftsgeistliche gewesen, ein Verhältnis, welches sich bei keinem anderen evangelischen Gymnasium
so lange erhalten hatte; die Umwandelung zu einem sechsklassigen Gymnasium erfolgte von 1818—1823 durch den Schulrat Küpper von der Regierung zu Trier; weltliche Lehrer
wurden berufen und das erste Abiturientenexamen im Jahre 1825
unter dem Direktor Superintendent Zimmermann abgehalten.
In diesem Jahre ging die Anstalt auch in das Ressort des
Provinzial-Schulkollegiums zu Coblenz über.

An dem Gymnasium in Wesel, der einzigen im clevischen

Lande noch vorhandenen höheren Lehranstalt, welche seit 1816
ungefähr 50 Schüler besuchten, hatte die preußische Regierung
1819 die Prima aufheben müssen, so daß das Gymnasium nicht
mehr unmittelbar für die Universität vorbereiten konnte. Man
hatte trotz der außerordentlich beschränkten Verhältnisse weit
über die von dem preußischen Schulgesetz gesteckten Grenzen
hinausgegriffen und sogar Naturrecht und römische Jurisprudenz
betrieben. Es blieben somit nur drei Klassen übrig, Sekunda,
Tertia und Quarta. Den unablässigen Bemühungen des Konsistoriums zu Köln und der Königlichen Regierungs-Kommission
zu Cleve gelang es doch erst 1823 in der Person des Professor
Ludwig Bischoff, welcher bisher an dem Friedrich-Wilhelms-
Gymnasium in Berlin thätig gewesen war, einen guten Leiter
der Anstalt zu finden, und 1825 konnte dann an diesem Gymnasium,
welches bis dahin als „vereinigte höhere Bürgerschule und Gelehrtenschule" ein kümmerliches Dasein geführt hatte, das erste
Abiturientenexamen abgehalten werden.

In Cleve war 1815 auch nicht mehr „der Überrest einer
Lehranstalt für die Kinder der Eltern aus den gebildeten Ständen
vorhanden." Die von Privatlehrern unternommenen Versuche,
eine höhere Anstalt zu errichten, mißlangen; erst durch die
ernsthaften Bemühungen des Regierungspräsidenten von Erdmanns-
dorf wurde das Ministerium zur Anweisung der nötigen Geldmittel veranlaßt, so daß am 21. April 1817 wenigstens eine
Art von höherer Schule mit 55 Schülern und einem Lehrer,
dem Rektor Koeltsch, eröffnet werden konnte. Obwohl nun
von dem Konsistorium in Köln die Einheit der Anstalt als
Gymnasium, d. h. als Gelehrtenschule betont und vorläufig die
Errichtung von vier Klassen empfohlen wurde, denen sich später
Prima und Sekunda anschließen sollten, so mußte die Ausführung des Planes noch aufgeschoben werden, weil die nötigen
Lehrer und vor allem der Direktor nicht zu beschaffen waren.
Erst als Dr. Joh. Karl Ludwig Gieseler, früher ordentlicher
Lehrer an der lateinischen Hauptschule der Frankeschen Stiftungen in Halle und später Konrektor in Minden, die Leitung
übernahm, wurden 1818 fünf Klassen eingerichtet. Dann
als Gieseler schon nach einem Jahre die Anstalt wieder ver-
ließ und als Professor der Theologie nach Bonn ging, wurde

Dr. Chr. L. Nagel zuerst zum interimistischen und 1820 zum endgültigen Direktor bestimmt; nunmehr wurde 1819 die Prima mit
sechs Schülern eingerichtet und am 22. März 1820 das erste Abiturientenexamen abgehalten. Die Anstalt, für welche die Regierung allein die Kosten getragen hatte, begann in erfreulicher
Weise aufzublühen.

In Duisburg, wo das neben der Universität bestehende
Gymnasium 1815 nur noch vier Klassen und vier Lehrer zählte,
bestimmte die Regierung nach Verlegung der Universität die
Verwendung des Vermögens derselben hauptsächlich für die
Organisation des Gymnasiums, welches aber erst nach dem 1821
erfolgten Tode des Rektors Chr. Nonne durch den Dir. M. J.
Dan. Schulze zu einem sechsklassigen Gymnasium ausgestaltet
werden und 1823 die ersten Abiturienten entlassen konnte.

Die alte Jesuitenschule in Münstereifel, welche unter
der französischen Herrschaft zu einer école secondaire geworden
war und die meisten ihrer reichen Güter an die Stadt hatte abgeben müssen, wurde zunächst 1819 von der preufsischen Regierung für die Vermögensverluste entschädigt; dann wurde bei
der Reorganisation auch der frühere Name „Gymnasium“ wieder-
hergestellt und mit dem Herbst 1827 konnte unter dem ersten
Direktor Jac. Katzfey das erste Abiturientenexamen stattfinden.
Nicht weniger Zeit erforderte auch die Reorganisation der alten
Jesuitenschule in Düren, weil hier die französische Regierung
das gesamte Schulvermögen zu Gunsten des Domänenfiskus ver-
äufsert hatte. Durch geringe Besoldungen von seiten der Stadt
und durch die geringe Einnahme aus dem Schulgeld unterstützt,
verwalteten Weltpriester den Unterricht ganz in der Weise
der früheren Lateinschulen und behielten noch 1816 die
für die Klassen derselben herkömmlichen Bezeichnungen der
„Infima, Grammatica, Poetica, Rhetorica, Philosophica“ bei. Erst
1826 konnte die Anstalt von der Regierung als ein vollberechtigtes Gymnasium anerkannt werden und 1827 unter dem Direktor Jacob Meyer die ersten Abiturienten entlassen.

In Essen hatte die preufsische Regierung schon 1803, als
in diesem Jahre durch den Reichsdeputations-Hauptschlufs das
Stift Essen an die Krone Preufsen kam, das völlig verkommene,
einst berühmte evangelische Gymnasium zu einer Bürgerschule

umzuwandeln begonnen. Diese Organisation wurde durch die französische Besitzergreifung 1806 unterbrochen und die Regierung fand, als sie 1814 von dem Stift Essen wieder Besitz nahm, die Schule noch in dem früheren trostlosen Zustande vor. Sie hatte keine Schüler und kein Schullokal, sondern nur noch Lehrer, welche zu Hause wohl noch eine Art von Privatunterricht erteilten. Daneben bestand noch in Essen ein katholisches Gymnasium, das Josephinum, welches bei allem Wechsel der Regierung sich besser erhalten hatte als die evangelische Schule und auch nicht alle Schüler verloren hatte. Es blieb bis 1819 unverändert, doch genügte es den Ansprüchen der preußischen Schulverwaltung nicht. Diese war zunächst der Ansicht, durch Vereinigung dieser beiden trümmerhaften Lehranstalten eine höhere Bürgerschule zu gründen. Die Bürgerschaft sprach zwar den sehnlichsten Wunsch aus, daß Essen wieder ein Gymnasium erhalten möge, aber die Regierung hielt an ihrem Plane fest, wenn sie auch keineswegs für die Zukunft die Gründung eines Gymnasiums versagte, sie setzte es auch trotz der Gegenwehr der katholischen Schulstände energisch durch, daß 1819 die beiden Schulen vereinigt wurden, so daß am 15. November dieses Jahres die neue Schule eröffnet werden konnte. Den confessionellen Verhältnissen wurde man dadurch gerecht, daß die Anstalt zu einer völlig simultanen ausgestaltet werden sollte. Die ersten Anfänge waren wenig erfreulich, es fehlten tüchtige, durchgebildete Schulmänner, es fehlten vor allem die nötigen Geldmittel, so daß die Anstalt Gefahr lief, wieder einzugehen. Da endlich bewilligte der König Friedrich Wilhelm III. 1821 einen jährlichen staatlichen Zuschuß, so daß nunmehr nicht nur das Fortbestehen für immer gesichert, sondern auch der Ausbau derselben zu einem vollständigen Gymnasium möglich geworden war. Die Schulkommission hatte diese Hoffnung nie aufgegeben und die Anstalt mit dem Namen „Vereinigtes Gymnasium" bezeichnet, was nun durch die Kabinetts-Ordre bestätigt wurde. Nunmehr traten auch die katholischen Pfarrer und der katholische Kirchenrat der Schulkommission bei. Dieser gelang es dann auch mehr und mehr, Mittel zur Besetzung der Lehrerstellen mit jungen und frischen Kräften zu beschaffen und in dem Oberlehrer des Gymnasiums zu Ratibor, Dr. Paulssen, einen Direktor zu finden, dessen tief religiöser, biederer Charakter und dessen hohe klassische Bildung der Regierung die Gewähr boten, daſs das Gymnasium sich würdig den übrigen Vollanstalten der Provinz anreihen würde. Am 1. Mai 1824 wurde durch den Konsistorialrat Dr. Kortüm das Kgl. Gymnasium feierlichst eingeweiht und eröffnet, wobei der tags zuvor geprüfte erste Abiturient seine Abschiedsrede hielt.

Nicht minder groſse Schwierigkeiten waren bei der Organisation des Gymnasiums in Elberfeld zu überwinden. Im November 1813 wurde unter dem Rektor Seelbach eine Rektoratsschule gegründet, welcher nach dem Übergang Elberfelds in den preuſsischen Staat die Regierung sofort ihre Aufmerksamkeit zuwandte. Sie sah für Elberfeld es als ein dringendes Bedürfnis an, daſs hier eine höhere Bildungsanstalt errichtet würde, welche ihre Schüler soweit vorbereite, daſs sie in einem Gymnasium in die zweite Klasse versetzt werden könnten. Neben dieser reformierten Rektoratsschule bestanden noch drei Privatinstitute, deren Verschmelzung zu einem Ganzen, welches den Namen Bürgerschule führen sollte, der Wunsch der Regierung war. Dagegen sträubten sich entschieden die Interessenten der verschiedenen Schulen, auch trat ein scharfer Gegensatz der Anhänger der reformierten und der lutherischen Richtung hervor. Von seiten der Rektoratschule wurde während dieser Streitigkeiten geltend gemacht, daſs die Schule eine Stiftung der reformierten Gemeinde sei, daſs dem Konsistorium derselben ausschlieſslich die Verwaltung der Schule zustehe, daſs diese ihre Schüler bis zu dem Grade unterrichtete und noch unterrichte, daſs sie unmittelbar die Universität beziehen konnten. Mit fieberhafter Thätigkeit arbeiteten die beiden Lehrer — zu Seelbach war noch der bekannte Dr. Diesterweg hinzugetreten — die in zwei Klassen verteilten 59 Schüler, das Gymnasialziel erreichen zu lassen. Es war natürlich, daſs das Kgl. Konsistorium einen solchen Unterricht, bei welchem Quartaner oder Tertianer mit Primanern zusammensaſsen, nicht gelten lassen konnte. Und als nun 1819 eine dritte Klasse eingerichtet wurde, und ein früherer Schüler, der sich privatim vorbereitet hatte, von dem Elberfelder Konsistorium, der sich frisch weg „Gymnasium zu Elberfeld" nennenden Anstalt, ein Abiturientenzeugnis erhielt, um damit nach Bonn zur Universität zu gehen, da schritt das Kgl. Konsistorium ein. Es liefs dem Rektor Seelbach den Gebrauch des Namens Gymnasium auf den Programmen und zugleich die Ausstellung von Zeugnissen untersagen. Der Abiturient müsse seine Befähigung zum Studium vor der wissenschaftlichen Prüfungs-Kommission in Bonn nachweisen. Die Elberfelder liefsen sich nicht entmutigen; man suchte, was bei den Regierungen in Düsseldorf und Köln nicht zu erlangen gewesen war, nun in Berlin beim Ministerium durchzusetzen. Und dies sprach im Jahre 1822 dann wenigstens seine Geneigtheit aus, den Wünschen der Elberfelder zu willfahren, aber die Schule müsse nachweisen, dafs ein ausreichender Etat vorhanden sei, zur dauernden Anstellung von fünf ordentlichen Lehrern mit Einschlufs des Direktors, und zur Errichtung von wenigstens vier in allen Lehrgegenständen gesonderten Klassen. Über die Befugnis, die Schüler zur Universität zu entlassen, könne erst entschieden werden, wenn die Schule wirklich zu dem Standpunkte gelangt sei, für diesen Zweck vollständig vorbereiten zu können. Auch wünsche man, dafs die geplante Anstalt sich „Evangelisches Gymnasium" nennen solle. Nun zeigte sich die Opferwilligkeit der Gemeinde in herrlicher Weise, der Stadtrat bewilligte eine solche jährliche Unterstützung, dafs die Schule gesichert war, auch über den Namen wurde man in der Bürgerschaft einig, indem man, um alles Distinctive zu vermeiden, die seit lange her geführte Bezeichnung „Gymnasium in Elberfeld" vorschlug. So genehmigte denn im Dezember 1822 das Ministerium die Erhebung der Anstalt zu einem vollen Gymnasium, doch dauerte es noch bis 1824, ehe die Schule in den wirklichen Genufs des ihr bewilligten Rechtes eintrat. Am 2. November 1824 wurde Seelbach als Direktor feierlich eingeführt, schon im Herbst waren die ersten drei Abiturienten entlassen worden, die Schule zählte vier Klassen mit 120 Schülern.

So waren denn bis zum Jahre 1832, welches infolge des Erlasses der Instruktion vom 8. März für die Entlassungsprüfungen an den Real- und höheren Bürgerschulen ein bedeutungsvoller Abschnitt in der Entwickelung der höheren Schulen, ganz besonders auch für das Rheinland geworden ist, durch die preussische Regierung 17 höhere Schulen eingerichtet worden, welche

die feste und sichere Grundlage einer umfassenden Bildung, einer
sorgfältigen Pflege der idealen und intellektuellen Interessen der
Provinz darboten. Von da ab vermehrten sich die Vollanstalten
in stetiger Progression, die ersten, gewaltigen Schwierigkeiten
waren überwunden, der Boden für die weitere Entwickelung ge-
ebnet. 1832 entstand das Gymnasium in Emmerich, welches
1837 die ersten Abiturienten entließ, dessen Direktorstelle aber
erst 1841 durch Dr. C. W. Lucas, den späteren Provinzial-Schulrat
in Coblenz, endgültig besetzt werden konnte, da die zwischen der
preuſsischen und niederländischen Regierung schwebenden Verhandlungen über das Vermögen des Gymnasiums die Dotations-
frage hinderten. 1850 wurde mit der Einfügung der hohen-
zollernschen Lande in den preuſsischen Staat das in Hedingen
bestehende Gymnasium mit Realklassen der Regierung in Coblenz
unterstellt und zu einem sechsklassigen Gymnasium nach dem
preuſsischen allgemeinen Lehrplan umgestaltet. 1852 wurde das
Kollegium Neuſs vollberechtigtes Gymnasium. Bis zum Jahre
1846 hatte diese Anstalt, welche in den Jahren 1816—18 sich
sogar königliches Kollegium nannte, diesen, der Bürgerschaft
vollklingender erscheinenden Namen Kollegium beibehalten, wie
auch der Leiter der Anstalt wie am Gymnasium Direktor genannt
wurde; es war in Wirklichkeit doch nur ein Progymnasium gewesen. Die Umgestaltung zum Gymnasium wurde dadurch befördert, daſs die erzbischöfliche Behörde in Köln die Errichtung
eines Knabenseminars in Neuſs gewünscht hatte. 1857 folgte
das Gymnasium Thomaeum zu Kempen, welches wie das Neuſser
sich als Bürgerschule, dann als Progymnasium „Kollegium" genannt hatte. 1860 wurde in Köln wegen Überfüllung der Gymnasien, namentlich des Gymnasiums an Marzellen, aus den Parallel-
cöten dieser Anstalt das „Katholische Gymnasium an der
Apostelkirche" oder „an Aposteln" abgezweigt. 1865 kam
das Gymnasium in Barmen hinzu. Nach wechselvollen Schicksalen
hat diese Anstalt sich erst zum vollen humanistischen Gymnasium
herausbilden können. Obwohl sie zuerst Lateinschule war, dann
1823 mit der Realschule zu einer Stadtschule vereinigt wurde,
allerdings nur unter der Bedingung, daſs die für die Universität
vorbildende Lateinschule innerhalb des Rahmens der neuen Anstalt
intakt erhalten bliebe, sank der Unterricht in den alten Sprachen

auf ein Minimum herab, der griechische Unterricht fiel ganz aus, dem lateinischen wurde noch eine Wochenstunde eingeräumt. 1833 gelang es dem Presbyterium der reformierten Gemeinde wenigstens einigen Wandel zu schaffen und einen besonderen Lehrer für den Unterricht in den alten Sprachen anzustellen; aber erst 1859 verhalf das durch die Prüfungsordre vom 9. Oktober geschaffene feste Gefüge der Realschulen I. Ordnung der Lateinschule wieder zu ihrem vollen Rechte. 1864 wurden die Gymnasialklassen als vollberechtigtes Progymnasium und 1865 als Gymnasium anerkannt und dieses Ostern 1878 gänzlich von dem Realgymnasium abgetrennt. Aus Bürgerschulen beziehungsweise Progymnasien haben sich dann bis zur Gegenwart entwickelt die Gymnasien in Köln, Kaiser Wilhelm-Gymnasium 1871, Mörs 1874, Neuwied, Crefeld, München-Gladbach 1877, Aachen, Kaiser Wilhelm-Gymnasium, Siegburg 1886, Mülheim a. d. Ruhr 1887, Prüm 1892 und Trarbach 1893. Außerdem sind noch einige Realgymnasien in der Umgestaltung zum Gymnasium begriffen, über deren Entwickelung bei der Geschichte der Realanstalten gesprochen werden wird. Eine ganz eigenartige, von den übrigen höheren Anstalten abweichende Schöpfung ist die der Rheinischen Ritter-Akademie zu Bedburg gewesen. Die frühere bedeutsame Stellung des rheinischen Adels war durch die französische Revolution derart erschüttert worden, daß derselbe einer völligen Auflösung allmählich entgegenzugehen schien. Nur auf einer neuen, den Zeitverhältnissen angepaßten Grundlage konnte der Adel hoffen, wieder eine einflußreiche Stellung zu gewinnen und das war nächst der Sicherung der materiellen Basis nur möglich durch die Schaffung einer richtigen geistigen Grundlage. So gelang es den eifrigen Bestrebungen des Grafen Johann Wilhelm von Mirbach und des Freiherrn Max von Loë den König Friedrich Wilhelm III. zu bewegen, die Errichtung einer Erziehungsanstalt zur Beförderung einer standesmäßigen Erziehung für die Söhne der adeligen Familien zu genehmigen. 1839 wurde von der Genossenschaft des Rheinischen Adels das Schloß in Bedburg gekauft und zu Unterrichtszwecken eingerichtet. Die Anstalt war zunächst zur Erziehung der Söhne aus den stiftenden Familien bestimmt; jedoch konnten auch Söhne des inländischen, nicht zur Korporation gehörigen, sowie auch des ausländischen deutschen Adels aufgenommen werden. Als Ziel setzte sich die Anstalt, die jungen Leute zu den Gesinnungen ihres Standes und Berufes, zur Religiösität, Gottesfurcht, Sittlichkeit und zur wahren Ehre, zur unwandelbaren Treue gegen den König, ihren Herrn und das Vaterland, zur Entwickelung ihrer sittlichen und körperlichen Kräfte und zur Wohlerzogenheit im äußeren Benehmen durch alle Mittel, welche der Erziehung überhaupt zu Gebote stehen, heranzubilden und auf der Grundlage einer klassischen Bildung ihre Geisteskräfte zu entwickeln und ihnen die Kenntnisse zu verschaffen, deren sie als Vorbereitung zu den ferneren Berufsstudien bedürfen. Demnach bezweckte die Anstalt, durch die Erziehung an Leib und Seele gesunde und kräftige Jünglinge zu bilden durch Fernhaltung von vorgefaßter Meinung für oder gegen den einen oder anderen Stand, ihnen Achtung vor einem jeden einzuflößen und durch den wissenschaftlichen Unterricht diejenigen Zöglinge, welche sich später den Universitätsstudien widmen wollen, so weit zu bringen, daß sie den Anforderungen des Abiturienten-Reglements zu genügen im stande sind. So wurde ein Internat geschaffen, welches naturgemäß ganz anders als die übrigen Gymnasien in der Lage war, neben der wissenschaftlichen Ausbildung der Zöglinge vor allem die Erziehung derselben zu berücksichtigen. Unter dem Direktor Peter Josef Seul wurde die Ritterakademie am 1. Mai 1842 mit 15 Schülern eröffnet. Seit 1851 wurde die Aufnahme in die Anstalt auch auf die Söhne nichtadeliger deutscher Familien, wenn sie katholisch sind, ausgedehnt, 1869 wurden externe Schüler zum Unterricht zugelassen mit der Beschränkung allerdings, daß diese Bewilligung sich nur auf solche Schüler beziehe, welche bei ihren in Bedburg selbst domizilierten Eltern wohnten, 1886 wurden dann auch solche externe Schüler aufgenommen, die nicht bei den Eltern domiziliert sind.

Nicht unerwähnt bleiben darf das geistliche Privatgymnasium zu Gaesdonk bei Cleve. Es wurde von dem Bischof Caspar Maximilian Freiherr Droste zu Vischering 1846 gegründet und im Herbst 1847 eröffnet. Es unterstand dem Ressort des Bischofs von Münster; 1873 wurde es von der preußischen Regierung geschlossen, ist aber Ostern 1893 mit

Unter- und Obertertia wieder eröffnet worden. Die Anstalt um-
faßte die Klassen Tertia bis Prima, die Zöglinge machten das
Abiturientenexamen als Externe in Münster, etwa 60% derselben wandten sich der Theologie zu, die Lehrer waren ausschließlich Geistliche. In ähnlicher Weise versuchte man auch
auf evangelischer Seite die Gründung eines sogenannten „christlichen Gymnasiums", doch haben diese Bemühungen, welche
besonders von der 1848 gegründeten „evangelischen Gesellschaft für Deutschland" ausgingen, sowie die sehr eingehenden
Verhandlungen des Kirchentages in Elberfeld und des Philo-
logentages in Erlangen im Jahre 1851 für die Rheinprovinz
keinen Erfolg gehabt.

2. Die Progymnasien, Bürgerschulen und Realprogymnasien.

Es war natürlich, daß, nachdem einmal durch die preußische
Regierung die Organisation des höheren Schulwesens in den
Hauptorten der Rheinprovinz so energisch und erfolgreich be-
gonnen war, auch in den kleineren Städten ein großer Eifer
sich zeigte, höhere Schulen zu errichten. In den meisten der-
selben waren Reste alter Klosterschulen vorhanden, in denen
die Schüler ehemals bis zum Universitätsstudium geführt wurden.
So wurden denn mit einem gewissen Stolze diese kaum mehr
Schulen zu nennenden Überbleibsel als Gymnasien bezeichnet.
Es trug dazu bei die noch überall herrschende humanistische
Richtung; von nicht geringem Einfluß war auch die Nachwirkung
der patriotischen Begeisterung der Freiheitskriege. So trat z. B.
die Regierung in Trier für die Gründung eines Gymnasiums in
Saarlouis mit den Worten ein: „Wenn es dem preußischen Volke
Ehre bringt, seine Fahnen bleibend auf den Wällen einer französischen Festung aufgestellt zu haben, so giebt es hier eine
schöne Gelegenheit einen noch besseren Triumph zu erringen
und durch Gründung einer vorzüglichen Schule, sowie durch
alles, was bis jetzt für das Volkswohl geschehen ist, den Beweis
zu liefern, daß deutscher Sinn und deutsche Beharrlichkeit das
Fortschreiten der Kultur sicherer bewirken, als was die letzten

25 Jahre her von den Reformatoren der Welt für die Erreichung dieses Zweckes war gethan worden." Die preußische Regierung suchte auf alle mögliche Weise diesen Eifer für das höhere Schulwesen zu fördern, aber sie war sich auch bewußt, daß nicht alles mit einem Schlage zu erreichen war, sie hielt die Grenzen des unter den gegebenen Verhältnissen Möglichen fest im Auge, besonders da die finanzielle Lage des Staates nach dem Kriege eine so drückende war, daß er unmöglich alle diese kleinen Gemeinden in der Gründung oder dem Ausbau höherer Schulen unterstützen konnte. So haben denn diese Schulen in den kleineren Städten fast alle eine wahre Leidenszeit durchmachen müssen, ehe es ihnen gelang, zu einer festen Gestaltung zu kommen. Ein einheitlicher Ausbau aber war um so schwieriger, als bei der Einrichtung derselben sehr bald eine Frage mit aller Gewalt auftrat, welche die schwersten Kämpfe herbeiführen mußte, die Frage, ob die Anstalt der humanistischen oder realistischen Richtung folgen solle.

Zunächst behielten diese Schulen die humanistische Richtung bei, ja manche bewahrten den stolzen Namen des Gymnasiums, ohne doch im geringsten den Anforderungen des preußischen höheren Schulwesens entsprechen zu können. Sie versuchten noch Jahre lang ihre Schüler zur Universität zu entlassen, ohne daß eine Prima vorhanden war. So mußte das Kölner Konsistorium dem Kollegium zu Neuß, von dem zwei Schüler 1822 und 1823 in Bonn und Münster bei den Immatrikulationsprüfungen allerdings das Zeugnis bedingter Tüchtigkeit erlangt hatten, verschiedentlich einschärfen, daß die Organisation der Anstalt nicht geeignet sei, den Kursus einer Prima des Gymnasiums zu umfassen. Die anfangs mit den besten Hoffnungen beginnenden Anstalten kamen aber bald in die schlimmste Lage. Die Geldmittel fehlten den durch die Kriege verarmten Gemeinden, die Schülerzahl nahm ab, vor allem waren die alten Lehrer mit wenigen Ausnahmen unfähig, den Unterricht so zu versehen, wie das preußische Reglement es vorschrieb und dann kam die schicksalsschwere Realschulfrage hinzu.

Bis zu Anfang dieses Jahrhunderts war die Lateinschule die einzige höhere Schule gewesen; sie diente zugleich als Gelehrten- und als Bürgerschule. In den unteren und mittleren

Klassen safsen nebeneinander die den bürgerlichen Berufen und die dem Studium bestimmten Knaben; erst auf der Oberstufe schieden jene aus. Aber schon in der furchtbaren Zeit der Franzosenherrschaft und Erniedrigung Preufsens machte sich eine Strömung bemerkbar, welche der Entwickelung der Realschulen günstig war. Die Kräfte des ganzen preufsischen Volkes, nicht mehr einzelner Stände, mufsten von innen belebt werden, und die Zeit der Not schärfte den Blick für manches, was im Schulwesen nicht so bleiben konnte. Nachdem dann nach den Freiheitskriegen in der Sicherheit des Friedens die wirtschaftliche Lage sich völlig zu ändern begonnen hatte, nachdem durch die weise Zoll- und Handelspolitik der preufsischen Regierung der einheimischen Industrie ein grofses, weites Feld der Thätigkeit geschaffen war, und als nun die Dampfmaschine ihren Siegeseinzug hielt und die deutsche Bevölkerung zwang, sich auf den neuen Weltverkehr einzurichten, da verlangten alle die Klassen der Bevölkerung, welche ihre Söhne nicht ausschliefslich der Universität zuwenden wollten, immer dringender die stärkere Berücksichtigung der lebenden Sprachen, der Landes- und Völkerkunde, der mathematisch-naturwissenschaftlichen Kenntnisse, des Zeichnens u. s. w. Die Regierung verschlofs sich diesen berechtigten Forderungen nicht und verfügte schon durch die Verordnung vom 12. Januar 1816 eine bedeutende Steigerung der Realien an den Gymnasien. Auch als Johannes Schulze in das Ministerium nach Berlin berufen worden war, zeigte sich die Regierung diesen Bestrebungen gegenüber durchaus geneigt, aber sie trat, durch Schulzes Einflufs bewogen, zunächst entschieden allen Versuchen entgegen, welche eine Umbildung des Gymnasiums nach realistischen Anschauungen bezweckten. In der Rheinprovinz war von verschiedenen Anstalten eine Dispensation vom Griechischen gefordert worden, besonders das Kölner Konsistorium hatte unter Grashofs Vorsitz trotz der 1819 an dasselbe ergangenen Regierungsverfügung, welche das 1810 erlassene Verbot solcher Dispensationen einschärfte, wieder 1824 die Vorstellung gemacht, dafs es schwer sei, diese Vorschrift namentlich bei Gymnasien zweiten Ranges streng durchzuführen, indem es sich nicht leugnen lasse, dafs z. B. an den Gymnasien zu Elberfeld, Essen u. s. w. immer ein sehr grofser Teil der Schüler

auf eine höhere wissenschaftliche Bildung und auf eine Vorbereitung für die Universität gar keinen Anspruch mache und
daher Befreiung vom Besuch wenigstens der griechischen Lektionen wünsche. Werde ihnen dieser Wunsch nicht gewährt, so
verliefsen sie das Gymnasium und dieses fände sich dadurch in
seiner Subsistenz, die zum Teil und in Elberfeld sogar zum
gröfsten Teil an den Ertrag des Schulgeldes geknüpft sei, ge-
fährdet. Das Konsistorium hielt deshalb eine neue Instruktion
für nötig. Das Studium beider klassischen Sprachen erschien
auch ihm unerläfslich für alle, die studieren wollten; dagegen
könnten hiervon wohl diejenigen dispensiert werden, welche zur
Vorbereitung für ihren Beruf der Universitätsstudien nicht be-
dürften. Eine volle Sonderung beider Klassen von Schülern sei
nicht wünschenswert, weil den einen auch die Kenntnis der
klassischen, den anderen auch die Kenntnis weniger neueren
Sprachen nützlich sei; vielmehr sei der Unterricht in den alten
und neuen Sprachen so zu legen, dafs beide Klassen von
Schülern an den Lektionen Teil nehmen könnten, im Fall sie
aber von einer derselben dispensiert würden, dadurch keine
Störungen entständen.

Die Regierung antwortete: „Dem nicht zu verkennenden Bedürfnisse der beiden Klassen von Schülern kann durch die Gymnasien allein, sollen sie anders, wie es doch notwendig ist, ihrer
ursprünglichen Bestimmung getreu bleiben und demgemäfs hinsichtlich der Lehrgegenstände eingerichtet sein, nicht vollkommen
genügt werden, und es ist mit Grund zu fürchten, dafs jeder auch
noch so künstlich angelegte Versuch, den fraglichen doppelten
Zweck gleichzeitig mittelst der Gymnasien zu erreichen, entweder für beide Klassen von Schülern nicht genügen und somit
ganz und gar fehlschlagen oder doch der in den Gymnasien zu
bewirkenden gründlichen Vorbereitung auf die Universitätsstudien Eintrag thun werde. Zur Abhilfe des in Rede stehenden
Bedürfnisses, welches sich in allen Provinzen des Königreichs
gegenwärtig zu zeigen anfängt, giebt es nur ein gründliches
Mittel und dieses besteht darin, dafs in den Städten, wo sich ein
grofser Andrang von nicht studierenden jungen Leuten zu dem
Gymnasium findet, neben demselben eine höhere Bürger- oder
allgemeine Stadtschule errichtet und mittelst derselben auch für

diejenigen Schüler, welche zur Vorbereitung für ihren künftigen Beruf weder der Kenntnis der alten Sprachen noch überhaupt einer höheren wissenschaftlichen Bildung bedürfen, genügend gesorgt werde. Das Konsistorium solle mit aller Strenge die Vorschriften über die Dispensationen aufrecht erhalten und dadurch die Notwendigkeit der Errichtung höherer Bürgerschulen selbst den betreffenden Kommunen fühlbar machen." Das Kölner Konsistorium beruhigte sich bei diesem Bescheide zunächst nicht, und Grashof suchte in einem eingehenden Vortrage, den er bei einer Plenarversammlung beider rheinischen Konsistorien hielt, nachzuweisen: 1) daſs jedes Gymnasium neben seinem Hauptzweck der Vorbereitung für die Universität auch den Bildungszweck der Nichtstudierenden vollständig erreichen könne und es der besonderen Bürgerschulen dazu nicht bedürfe; 2) daſs daher auch den höheren Stadtschulen eine den unteren und mittleren Bildungsstufen der Gymnasien gleichstehende innere Verfassung zu geben sei, und 3) daſs jeder Schüler, der nicht studieren wolle, von der Zeit an, wo darüber bei ihm entschieden sei, vom Griechischen müsse dispensiert werden können. Diesen Ausführungen Grashofs stimmten die rheinischen Konsistorialräte zu, nur der Schulrat Lange erklärte, er könne die Dispensation vom Griechischen nicht für unumgänglich nötig halten. Das Ministerium aber unter Schulzes Einfluſs hielt das strenge Verbot der Dispensation vom griechischen Unterricht aufrecht, wenn es auch dem Entstehen der Bürgerschulen durchaus nicht miſsbilligend gegenüberstand, indem es in denselben zugleich wohl auch ein Mittel erblickte, der Überfüllung der unteren und mittleren Klassen des Gymnasiums durch den später sogenannten „Schülerballast" abzuhelfen.

Es ist ein wahres Unglück für die Entwickelung des höheren Schulwesens gewesen, daſs dieser Standpunkt der Regierung, durch eine scharfe Scheidung der humanistischen und realistischen Bestrebungen und Wünsche eine klare, offene Bahn zu schaffen, nicht festgehalten worden ist. Noch 1831 schrieb Johannes Schulze an Passow: „Bürgerschulen sollen und müssen sein, aber sie müssen neben den Gymnasien bestehen und nicht diesen ihre verschiedenen Zwecke aufbürden. Sogenannte Realschulen — er meinte damit die heutigen Realgymnasien — halte ich

nach wie vor für Anstalten, die ihren Zweck verfehlen, eben
weil sie aus einem unklaren Gedanken hervorgegangen sind."

Die Ausführungen Grashofs, die Zustimmung der beiden
rheinischen Konsistorien gaben die Anschauungen der kauf-
männischen und industriellen Kreise des Rheinlandes getreu
wieder. Mitten in diesen Kampf des Gymnasiums und der Realschule, welcher besonders für das höhere Schulwesen des Rheinlandes von der höchsten Bedeutung geworden ist, führt eine in
den Akten des Archivs des Provinzial-Schulkollegiums in Coblenz
niedergelegte Verhandlung des Kuratoriums in Duisburg und vor
allem die hochinteressante, schon oben erwähnte Entwickelung
des Gymnasiums in Elberfeld. Im September 1830 trat in Duisburg unter dem Vorsitz des Konsistorialrates Dr. Kortüm das
Kuratorium des dortigen Gymnasiums zusammen, um über die
wichtige Frage zu beraten, ob das Gymnasium bestehen bleiben
oder mit einer Realschule resp. Bürgerschule verbunden werden
oder ganz eingehen solle. Das Kuratorium sprach sich für die
Erhaltung des Gymnasiums aus: „Zwar sei die bisherige Frequenz nicht sehr groß gewesen, durchschnittlich oft 90 Schüler,
doch nicht so gering, daß nicht mehrere Gymnasien der Rheinprovinz und auch anderer Provinzen sich an die Seite stellen
ließen, dann habe man mit vielen Unglücksfällen zu kämpfen
gehabt; die Anstalt würde sich heben, wenn auf die Ausbildung
der wie auch auf anderen Gymnasien nicht geringen Zahl derjenigen Schüler der mittleren und unteren Klassen, die sich
nicht den gelehrten Studien widmen, in der Anordnung des
Lektionsplanes billige Rücksicht genommen würde. Dazu kämen
die eigentümlichen Verhältnisse Duisburgs, welches zwar Handels-
und Fabrikstadt sei, auch gingen viele Schüler zum Geschäfts-
leben über, aber es studierte doch eine große Zahl, und es gäbe
fast keine größere Kaufmannsfamilie, aus welcher nicht einer
oder mehrere Söhne auf die Universität gingen. Auch die Beamten könnten ihre Söhne nicht nach auswärts schicken. Aber
es seien doch auch wiederum sehr wichtige Gründe für die Einrichtung von Realklassen vorhanden. Bisher sei das Realfach
wie auch in den anderen mittleren Provinzialstädten durch mittlere und untere Klassen versorgt worden, aber diese seien schon
seit geraumer Zeit nicht mehr den Bedürfnissen der Zeit ange-

messen für die Ausbildung des höheren Handels- und Gewerbestandes. Diese Stände fänden mehrere Unterrichtsgegenstände,
wie namentlich die alten Sprachen, in zu entfernter Beziehung
zu ihrem eigentlichen Lebenslauf, und wenn sie auch den for-
malen Nutzen der durch dieselben bewirkten Geistesbildung
nicht ableugneten, so hielten sie dieselben doch zu teuer er-
kauft durch viele darauf verwandte Zeit, welche der Erwerbung
anderer von ihnen höchst nötig erachteter Kenntnisse entzogen
würde, besonders den neuen Sprachen und Naturwissenschaften.
Daher müßten für die Söhne des Handels- und Gewerbestandes
Institute geschaffen werden, welche derartige Kenntnisse vermitteln."

Man darf nicht vergessen, daß bei der Gründung oder der
Reorganisation dieser städtischen Schulen die materiellen Mittel
von den Gemeinden aufgebracht werden mußten, und hierbei
natürlich die am meisten herangezogenen größeren Kaufleute
und Industriellen ihre Ansprüche geltend zu machen wußten.
Diesen erschien eine reine Bürgerschule ohne Latein nicht vor-
nehm genug; sie fürchteten, daß ihre Söhne von der höheren
Bildung der studierten Kreise ausgeschlossen würden; dazu
kamen Erwägungen finanzieller Art, daß der Ausschluß des
Latein viele Schüler vom Besuche der Anstalt und somit von
der zum Bestande derselben nötigen Zahlung des Schulgeldes
abhalten würde, weil sie die Berechtigung zu irgend einem der
vielen kleineren staatlichen Ämter nicht erlangen konnten. Denn
leider hatte sich die Regierung nicht dazu entschließen können,
für diese Beamten, welche keine Universitätsstudien zu machen
brauchten, auch die Kenntnis des Lateinischen fallen zu lassen;
sie mußten wenigstens soviel erlernen, als für die Aufnahme in
die Sekunda eines Gymnasiums genügte. Einen eigenartigen
Bundesgenossen erhielten die Bestrebungen des bürgerlichen
Schulwesens durch die infolge der Karlsbader Beschlüsse mehr
und mehr hervortretenden reaktionären Tendenzen in den obersten Hofkreisen. Fürst Wittgenstein hatte 1821 ein Gutachten
über das preußische Unterrichtswesen ausgearbeitet und das seit
1809 herrschende System des Schul- und Erziehungswesens, das
von Fichte und Schleiermacher ausgegangen sei, als Grund des
immer weiter um sich greifenden moralischen Verderbens be-

zeichnet und eine durchgreifende Umgestaltung für notwendig
erklärt. Er schlug vor, um einer Erschütterung der Grundfesten
der Kirche und des Staates durch Spekulation und Kritik vor-
zubeugen, der geistigen Thätigkeit eine zweckmäßig ablenkende
nutzbringende Richtung zu geben, indem eifriger für die Beförderung der vernachlässigten praktischen realen experimentalen
Wissenschaften, der mechanischen und schönen Künste gesorgt
werde. Auch dem kühnen Reformer des preußischen Finanz-
und Zollwesens, dem Finanzminister von Motz, war „das ganze
System der humanistischen Erziehung mit seinen fremdartigen
Mitteln und weitaussehenden Richtungen ins Ferne und leider
gar ins Ideale ein unausstehlicher Gegenstand". Durch alle
Schriftstücke, welche die Schulangelegenheiten betreffen, zog damals wie ein roter Faden die Forderung nach einer höheren
Bürgerschule, besonders da die nicht zum vollen Gymnasium ent-
wickelten Anstalten den Zeitbedürfnissen nicht genügten. Leider
wurde die Entwickelung dieser zahlreich entstehenden, sehr
wünschenswerten Bürgerschulen durch ihr Verhältnis zum Lateinischen in eine schiefe Bahn hineingelenkt. Auch dort, wo man
in voller Erkenntnis des eigentlichen Wesens der Bürgerschule sich
gegen das Latein aussprach, mußte man den thatsächlichen Verhältnissen Rechnung tragen, welche wenigstens den fakultativen
Unterrricht des Lateinischen forderten. Schon die finanzielle
Seite nötigte zur Aufnahme des Lateinischen in diesen kleinen
Schulen, welchen der Staat wohl ein gewisses Wohlwollen ent-
gegenbrachte, welche er aber materiell zu unterstützen sich entschieden weigerte. Eine große Zahl von Knaben, welche die
Vorbereitung zu einem der zahlreichen staatlichen Verwaltungs-
ämter suchten, zu dem Universitätsstudien nicht notwendig waren,
würde diese Anstalten ohne Latein nicht haben besuchen können;
das Bestehen derselben würde, da es vielfach von dem Schulgelde
abhing, in Frage gestellt worden sein. Die Regierung ist hier
nicht von der Schuld freizusprechen, die späteren mißlichen
Verhältnisse mit herbeigeführt zu haben, da sie sich nicht entschließen konnte, für diese Subalternbeamten die Kenntnis des
Lateinischen fallen zu lassen, sondern immer noch so viel for-
derte, als zur Aufnahme in die Sekunda eines Gymnasiums
genügte.

Wo also nicht von vornherein die Richtung auf den Ausbau eines sogenannten Progymnasiums, aus dem mit der Zeit sich ein volles Gymnasium entwickeln konnte, vorhanden war, wie in Andernach, Boppard, Neufs, Mörs, Trarbach, München-Gladbach Kempen, Siegburg, Prüm, Emmerich, Köln-Aposteln und Köln-Kaiser Wilhelm, Brühl, Rheinbach, Wipperfürth, St. Wendel, Jülich, Malmedy, Neuwied, Saarlouis, nahm in der Regel die Entwickelung dieser kleineren Anstalten folgenden fast typischen Verlauf. Zuerst wurde eine allgemeine Stadtschule, die vielfach aus einer Privatschule hervorging, eingerichtet, aber gleich mit dem Vorsatz, bei günstiger finanzieller Lage dieselbe in eine höhere Stadtschule umzuwandeln. Daneben aber liefs man auch nicht den Plan fallen, durch Gymnasialklassen den Schülern den Übergang in ein Gymnasium zu ermöglichen. Zunächst entstand dann aus der höheren Stadtschule eine zur gültigen Abiturienten-prüfung berechtigte „höhere Bürgerschule", indem man die fünfte Klasse nach oben hin anschlofs und den Bestimmungen folgte, welche durch das Regulativ vom 6. Oktober 1859 für die Real-schulen I. Ordnung erlassen worden waren. Daneben bestanden dann wohl auch noch von Quarta an Gymnasial-Parallelklassen. Mit dem Übergang der höheren Bürgerschulen im Jahre 1875 in das Ressort des Provinzial-Schulkollegiums in Coblenz trat für alle diese Anstalten nunmehr die für ihre Weiterbildung so wesentliche Einheit der Verwaltung ein; die Organisation der-selben konnte jetzt nach den allgemeinen pädagogischen Grund-sätzen erfolgen, die Lehrer kamen mit den ihnen gleichartig vor-gebildeten in nähere Verbindung, sie konnten von der Regierung besser verwandt und befördert werden. Schon in den dreifsiger Jahren hatte der Provinzial-Schulrat Brüggemann in einem sehr eingehenden, interessanten Bericht über das rheinische Schul-wesen, welcher sich in den Akten des Archivs des Provinzial-Schulkollegiums in Coblenz befindet, diese einheitliche Verwal-tung äufserst warm befürwortet. Mit dem Schuljahr 1882/83 erhielten die höheren Bürgerschulen den Namen „Realprogym-nasium"; sie sollten nichts anderes sein als Realgymnasien (d. i. Realschulen I. Ordnung) mit Ausschlufs der Prima. Die Vermeh-rung der für den lateinischen Unterricht angesetzten Stunden-zahl, die völlige Annäherung der drei unteren Jahreskurse an

den Lehrplan des Gymnasiums erweckten dann bei manchen
dieser Anstalten das Verlangen nach einer Erweiterung der gymnasialen Richtung. So wurden dann entweder die Realklassen
aufgelöst oder aber ein Progymnasium mit vollberechtigten Real-
parallelklassen geschaffen. Wo die reale Richtung überwog, da
entstanden Realschulen, welche wohl auch noch den Bedürfnissen
des Ortes entsprechend Gymnasialklassen einrichteten. Gegenwärtig bestehen in der Rheinprovinz fünfzehn Progymnasien, in
Andernach, Boppard, Brühl, Eschweiler, Eupen, Euskirchen,
Jülich, Linz, Malmedy, Rheinbach, Saarlouis, Sobernheim, Viersen,
St. Wendel, Wipperfürth, von denen Sobernheim in Umwandlung
zu einer Realschule begriffen ist. In Eschweiler ist das Progymnasium in Verbindung mit einem Realprogymnasium geblieben; in Rheydt besteht eine Ober-Realschule mit einem Progymnasium, in Solingen eine Realschule mit einem Progymnasium.
Realprogymnasien giebt es sechs, in Dülken, Düren, Langenberg,
Lennep, Oberhausen, Remscheid, von denen Dülken und Lennep
in Umwandlung zu einer Realschule, Düren in der Entwickelung
zu einer Ober-Realschule begriffen sind. In Neuwied ist mit
dem Gymnasium noch ein Realprogymnasium verbunden, in
Remscheid mit dem Realprogymnasium eine Realschule.

3. Die Realschulen und Realgymnasien.

Während in dieses Durcheinander der gymnasialen und
realen Bestrebungen, von denen man mit Goethe sagen möchte:
„Musterkarte giebt zu lesen, wie so bunt der Kram gewesen",
erst in der Gegenwart eine gewisse Ordnung hineingekommen
ist, haben die Schulen, welche von vornherein allein den realen
Standpunkt einnahmen, mochten sie auch ebenfalls durch die
Frage des Latein stark mitgenommen werden, doch einen über-
einstimmenden Gang der Entwickelung genommen. Wie schon
oben bemerkt, hatte das Kgl. Ministerium bereits im Anfange
der zwanziger Jahre die Errichtung selbständiger höherer
Bürgerschulen in Anregung gebracht und einflußreiche, preußische
Staatsmänner hatten, wenn auch von verschiedenen Gesichts-

·punkten ausgehend, die reale Richtung unterstützt, aber die Konsistorien der Rheinprovinz sträubten sich dagegen.

Besonders das Konsistorium in Köln verhielt sich ablehnend, obwohl gerade in dieser durch Handel und Industrie aufblühenden, wichtigsten Stadt des Rheinlandes und überhaupt des westlichen Deutschlands neben den beiden Gymnasien eine solche höhere Bürgerschule nötig war. Am 10. Mai 1825 erging wiederum eine ernste Aufforderung des Ministeriums an das Kölner Konsistorium, in welcher es als dringende Pflicht der Regierungen bezeichnet wurde: „bei der Organisation der höheren Unterrichtsanstalten auf die faktisch gegebene und in der Natur der menschlichen Gesellschaft gegründete Standes- und Berufs-Verschiedenheit die erforderliche Rücksicht zu nehmen, und daher für den städtischen Nähr-, Handels- und Verkehrsstand, für welchen weder in der Elementarschule, noch in den Gymnasien genügend gesorgt sei und doch gesorgt werden müsse, allmählich, wie das Bedürfnis sich kund thue, auch eine eigene Art von Unterrichtsanstalten zu gründen, welche sich zu den Gymnasien nicht wie eine niedere Stufe der Bildung zu einer höheren verhalten, sondern von denselben durch ihre eigentümliche Bestimmung nach dem Maße und dem Inhalte ihrer Lehrgegenstände und nach der Methode, wie dieselbe darin gelehrt werde, wesentlich verschieden sein müßten."

Auf das Drängen der Regierung reichte nun Dr. Grashof einen „Entwurf zur Reorganisation des Elementar- und Bürger-schul-Wesens der Stadt Köln" ein, in welchem es von der höheren Bürgerschule heißt: „Die höhere Bürgerschule, welche ihre Zöglinge etwa mit dem vollendeten 12. Jahre empfängt und sie bis zum 16. oder 17. Jahre so weit vorbereiten soll, daß sie als Kaufleute, Fabrikanten, Künstler u. s. w. unmittelbar zu der praktischen Übung in ihrem Geschäft übergehen können, erhält 3—4 abgesonderte Klassen mit etwa 250 Zöglingen, wie für diese außer dem Direktor 3—4 ordentliche Lehrer und die etwa noch erforderlichen Nebenlehrer für gewisse technische Fertigkeiten. Sie muß ihr Lokal, welches außer den Unterrichtsbedürfnissen auch die Wohnung des Direktors umfaßt, möglichst im Mittelpunkte des bewohnten Teiles der Stadt erhalten, und steht dem Range nach den Gymnasien bis zur

Sekunda derselben inclusive gleich, so daſs ihre oberste Klasse
zugleich die Qualifikation für die Begünstigung zum einjährigen
Militärdienste in sich schlieſst." In dem von Grashof im nächsten
Jahre eingereichten neuen Entwurfe wird dann das Nähere ausgeführt:

1) Zweck der Bürgerschule: Die Bestimmung der
höheren Bürgerschule ist dahin gerichtet, derjenigen männlichen
Jugend der Stadt und Umgegend, welche in ihrem künftigen
Berufe den höher gebildeten Ständen, mit Ausschluſs der gelehrten Stände, sich anschlieſsen soll, die dazu gehörige Vorbereitung in wissenschaftlicher und sittlicher Beziehung zu gewähren.
Sie beschränkt sich daher nur auf diejenigen Unterrichtsgegenstände, welche zu diesem Zwecke erforderlich sind, und richtet
sich in der Behandlung derselben nach dem eben durch ihre
Bestimmung gegebenen Bedürfnisse ihrer Zöglinge.

2) Unterschied von der gelehrten Schule. Von der
gelehrten Schule unterscheidet sie sich in der ersten Beziehung
durch Ausschlieſsung der alten Sprachen aus dem Kreise
ihres Unterrichtes und durch Aufnahme der neueren fremden
Sprachen, soweit sie dahin gehören, in der zweiten Beziehung
durch Vorherrschen der praktischen Richtung vor der
rein wissenschaftlichen und durch vorwaltende Übung in der
Anwendung des Allgemeinen auf das Besondere, wogegen die
Gelehrtenschule mehr die Abstraktion in Anspruch nimmt. Dadurch soll indessen keineswegs dem Unterricht in der höheren
Bürgerschule das wissenschaftliche Gewand genommen werden,
es beruht vielmehr auch hier ein künftiges Können auf einem
gründlichen Wissen. Nur wird in derselben in einigen Unterrichtsgegenständen, namentlich in den mathematischen und physikalischen Wissenschaften schneller vorgeschritten werden, teils
weil dabei der formelle Zweck nicht so ausschlieſsend vor-
herrscht, teils weil denselben [verhältnismäſsig mehr Zeit gewidmet wird. Ein Gleiches gilt von den neueren Sprachen.
In der Religionslehre und in der Muttersprache wird dagegen
der Unterschied in der Behandlung in beiden Anstalten geringer sein.

Noch in demselben Jahre 1826 wurde auf dem Provinzial-
landtage zu Düsseldorf das Bedürfnis der höheren Bürgerschule

für Köln zur Sprache gebracht und darauf in einer Immediat-
vorstellung der Stände der Rheinprovinz an den König gebeten,
daß den betreffenden Behörden die Weisung möge erteilt werden,
die Stadtverwaltungen im allgemeinen zur Errichtung von höheren
Bürgerschulen zu ermuntern und die Ausführung der zu solchen
Zwecken bereits entworfenen Pläne auf jede angemessene Weise
zu befördern. So wurde dann nun, nachdem von der Regierung
die Gründung der höheren Bürgerschule als ein „Ehren-Interesse
für die Stadt Köln" hingestellt worden war, man aber dem Gras-
hofschen Entwurfe nicht hatte zustimmen wollen, der Direktor
des Gymnasiums an Marzellen Dr. Birnbaum mit der Ausarbeitung eines neuen Organisationsplanes beauftragt. Da dieser
aber das Latein als Unterrichtsgegenstand mit aufnahm, ver-
weigerte die Regierung die Genehmigung, „diejenigen, welche
wirklich die Kenntnis dieser Sprache für ihren künftigen Beruf
notwendig gebrauchen, seien entweder an die Gymnasien oder
an einen Privatunterricht zu verweisen", doch wurde zuge-
geben, daß das Latein als Privatunterricht im Schullokal von
Lehrern der Anstalt erteilt und unter die Aufsicht und Leitung
des Direktors gestellt werde, jedoch so, daß dadurch den
wesentlichen Unterrichtsgegenständen der Anstalt nicht der ge-
ringste Abbruch geschehen dürfe. Die städtische Schulkommission remonstrierte allerdings hiergegen, wollte das Latein nicht
als integrierenden Unterrichtsgegenstand aufgeben, und war auch
nicht mit der einstweiligen Leitung der Anstalt durch den Dr.
Grashof einverstanden, dennoch willigte sie endlich in die Vorschläge der Regierung ein, und so konnte am 7. November 1828
am sogenannten Quartermarkt am Gürzenich die erste höhere
Bürgerschule des Rheinlandes von dem interimistischen
Direktor Grashof mit den drei unteren Klassen Quinta, Quarta
und Tertia mit 56 Schülern eröffnet werden. Der Unterricht
in der lateinischen Sprache wurde also außerhalb der gewöhnlichen Unterrichtszeit erteilt. Trotz mannigfacher Schwierigkeiten, welche besonders durch die Wahl eines Direktors und
durch die Kompetenzstreitigkeiten der Regierung und der städtischen Schulkommission herbeigeführt wurden, wuchs die Anstalt
doch rasch empor und als 1830 Thomas Eschweiler, der
bisher Oberlehrer am Gymnasium zu Marzellen gewesen war

zum Direktor, und Dr. Garthe aus Rinteln zum ersten Oberlehrer definitiv berufen worden waren, war die Zukunft der
höheren Bürgerschule gesichert, die Frequenz steigerte sich erheblich, das Publikum nahm sichtbare Teilnahme an dem Gedeihen der Anstalt.

In Köln, wo schon zwei Gymnasien für die Vorbereitung
zum Universitätsstudium sorgten, war es möglich gewesen, eine
Anstalt zu eröffnen, welche nur der realen Richtung dienen
sollte; anders war es in Crefeld, Barmen und Elberfeld, in
welchen Städten die Realanstalten sich erst aus der humanistischen Umhüllung zu selbständiger Stellung herausarbeiten mußten.
In Crefeld war durch die in der Zeit der französischen Herrschaft ergangene hochherzige Stiftung eines wohlhabenden und
kinderlosen Bürgers mennonitischen Bekenntnisses Adam Wilhelm Scheuten der Grund zu einer höheren Schule gelegt
worden, in welcher in vier täglichen Stunden die lateinische
Sprache, Mathematik, Geschichte und Erdbeschreibung gelehrt
werden sollte. Zwei Stunden täglich sollten für das Lateinische
bestimmt sein, die andere Hälfte der Zeit fiel den Realien zu.
Ein Gymnasium war nicht vorgesehen, da das Griechische ausgeschlossen war. Die preußische Regierung knüpfte nach der
Besitzergreifung der Rheinprovinz an diese Stiftung an, doch
hatten die Verhandlungen mit der städtischen Schulkommission
keinen Erfolg. So eröffnete die reformierte Gemeinde am
1. Oktober 1819 ganz in der Stille eine Rektoratschule, welche
aber nicht nur auf die Schüler Rücksicht nahm, die sich den
bürgerlichen Gewerbsfächern bestimmen wollten, sondern auch die
verhältnismäßig kleine Zahl, welche sich dem Gelehrtenfach zu
widmen die Absicht hatten, unter Voraussetzung eines Privat-
unterrichtes im Griechischen zum Eintritt in die Tertia eines
Gymnasiums tauglich machen wollte. Der im Juni 1824 zum
Rektor der Stadtschule gewählte Dr. Karl Vogel suchte jedoch
mehr und mehr die Anstalt zu einer Realschule zu entwickeln,
da er mit Recht in der Doppelnatur derselben eine Gefährdung
des ganzen Unterrichtes erblicken mußte. Als im Jahre 1826
die Schule als eine öffentliche Anstalt anerkannt worden war,
konnten auch neue tüchtige Lehrkräfte gewonnen werden, dabei
wurden die für die Gymnasialstudien bestimmten Schüler im

Lateinischen in allen, im Griechischen in den beiden oberen
Klassen von den Realschülern getrennt, welche statt der beiden
alten Sprachen kaufmännische Wissenschaften und neuere Sprachen lernten. Der griechische Unterricht hat sich nur bis 1849
auf dem Lehrplane der Anstalt erhalten, die Parallelabteilungen
für die alten Sprachen fristeten überhaupt nur eine kümmerliche Existenz, und gingen endlich ein, indem nach Wegfall
des griechischen, der lateinische Unterricht zunächst fakultativ
in den allgemeinen Lehrplan aufgenommen wurde. 1830 erhielt
die Crefelder Schule durch eine Verfügung der Regierung zu
Düsseldorf die Vergünstigung, daß die abgangsfähigen Schüler
der ersten Klasse, wenn sie gute Zeugnisse vorlegen konnten,
bei der Anmeldung zum einjährigen Dienst von der besonderen
Prüfung befreit wurden. Crefeld zählte zu den wenigen vom
Staate anerkannten Realschulen.

Nicht weniger eigenartig war die Entstehung der Realschule
in Barmen. 1811 übernahm Johann Jacob Ewich, eine der
eigentümlichsten und fesselndsten Erscheinungen auf pädagogischem
Gebiete, der Begründer des Barmer Realschulwesens, die Leitung
einer von Barmer Bürgern errichteten Privatschule, welche sich
bald zu einer höheren Bürgerschule auszubilden begann. Sie
zählte vier Klassen, in welchen in der Religion, im Deutschen,
Rechnen, in der Mathematik, im Französischen, in der Geschichte
und Geographie unterrichtet wurde. Daneben bestand, wie schon
oben S. 22 erzählt worden ist, eine Lateinschule, deren Rektor
Joh. Grimm, ein Mann von 66 Jahren, dem thatkräftigen, für
seine Ansicht begeisterten Realschulmanne Ewich keinen erfolgreichen Widerstand entgegensetzen konnte. Es gelang zwar
nicht, die Lateinschule aufzuheben, aber trotzdem ihr Fort-
bestand ausdrücklich gewährleistet wurde, sank sie doch zu
einem Anhängsel der Realschule herab, welches ohne alle Bedeutung war. So wurde also eine höhere Stadtschule gegründet,
welche „einen dreifachen Zweck" haben sollte: 1) eine allgemeine
bürgerliche Ausbildung zu geben, wie sie nach den Ansprüchen,
welche die gegenwärtige Kulturstufe macht, von jedem, der sich
dem geselligen Verkehr thätig anschließen will, vorausgesetzt
wird; 2) besondere Vorbereitung für den Kaufmannsstand, wozu
besonders neuere Sprachen gehören; 3) Vorbildung zum Ge-

lehrtenstande, wozu vorzüglich alte Sprachen gehören." Da die
beiden früheren Leiter der Lateinschule und der höheren Bürgerschule nicht in das Direktorat der neuen Anstalt berufen werden
konnten, und man sich auch nicht entschließen mochte, einen
Mann als Direktor zu ernennen, dessen Autorität Grimm und
Ewich sich willig gebeugt hätten, so beschloß man die verkehr-
teste und elendeste aller Verwaltungen, die Schule durch den
Ausschuß eines vielköpfigen Kuratoriums zu leiten. Man kann
sich vorstellen, zu welchen wunderlichen und der Schule un-
heilvollen Experimenten das führen mußte. Auf das Drängen
der Regierung, namentlich des Schulrats Dr. Kortüm, und nachdem die Stadt Barmen sich dazu verstanden hatte, den Rektor
Grimm zu pensionieren, konnte 1828 ein Direktor in der Person
des Wilhelm Wetzel gewählt und die Anstalt einer ruhigen
Entwickelung zugeführt werden. 1832 wurde ihr das Recht gewährt, das Zeugnis zum einjährigen Dienst zu verleihen, während bis dahin den Entlassungszeugnissen nur „ein Einfluß auf
die Erteilung dieser Vergünstigung" vorläufig zugestanden worden
war. Seit dem Jahre 1846 durfte sich die Schule „Realschule"
nennen. Durch die Reorganisation der Realschulen im Jahre
1859 wurde dann die Trennung der Realschule und des Gymnasiums vorbereitet und 1878 endgültig durchgeführt.

Wie in Barmen, so wurde auch in Elberfeld, wie schon
oben S. 20 ff. bei der Geschichte des Gymnasiums erzählt wurde,
ein heftiger Kampf um die aus der Wilberg'schen Privatanstalt
hervorgegangene Realschule und das Gymnasium geführt. Auch
hier drängte die Regierung, obgleich das Gymnasium schon 1824
vier Klassen mit 120 Schülern aufweisen konnte, dasselbe in
eine höhere Bürgerschule umzuwandeln und das Gymnasium ganz
eingehen zu lassen. Die wirren und unklaren Patronats- und
Ressortverhältnisse erschwerten die Entwickelung der beiden
Schulen ungemein; 1829 wurde der Versuch gemacht, durch die
Gründung einer einzigen städtischen Anstalt, in welche auch das
Gymnasium mit drei Klassen überging, eine einheitliche Organisation zu schaffen, aber schon 1830 wurden die Gymnasialklassen
wieder abgetrennt, so daß die höhere Bürgerschule als selbständige Anstalt weiter bestehen konnte. Sie fand einen vorzüglichen Leiter an Prof. Dr. Egen, und da das Gymnasium

eine große Zahl seiner Schüler in die Realschule abgeben mußte, so zählte diese schon 1830 194 Schüler, zu denen noch 20 Gewerbeschüler kamen, da mit der Anstalt auch zwei Gewerbeschulklassen verbunden waren. In dem Eröffnungsberichte bezeichnete Egen als das Ziel der Anstalt: „Die neue Anstalt will für die höheren Gewerbe, für den ausgebreiteten Handelsverkehr, für den größeren landwirtschaftlichen Betrieb allgemein vorbilden. Sie will vorzugsweise für das Leben lehren, ohne jedoch für einen ganz abgeschlossenen Kreis der bürgerlichen Thätigkeit vorzubereiten, ohne also eine Spezialschule für irgend ein Fach sein zu wollen. Sie soll nicht bloß das berücksichtigen, was als Fertigkeit oder Wissen sofort klingende Zinsen trägt. Eine allgemeine und tüchtige Vorbereitung für die Wirksamkeit des gereiften Mannes bleibt zwar ihr Hauptziel: aber die Anstalt will durch diese Vorbereitung zugleich die Seelenkräfte ihrer Zöglinge harmonisch entwickeln. Sie will den geistigen Gesichtskreis in solchen Dingen, die wissenswert sind, erweitern. Sie will eine lebendige Teilnahme an Wissenschaft und Kunst vermitteln, und zwar in solchen Disziplinen der Wissenschaft und in solchen Teilen des großen Kunstgebietes, welche sich dem Leben am engsten anschließen und sich mit ihm befreunden, damit nicht Überspannung der Bildung von dem Berufe abziehe und diesen verächtlich erscheinen lasse. Endlich will sie ihre Zöglinge an eine thätige, geregelte, das Gesetz achtende Lebensordnung gewöhnen, ihnen Sinn für das Gemeinnützige, für Wahrheit und Recht, für alles Edle und Hohe einflößen, sie zu bürgerlichen Tugenden und, was die Krone von allem ist, für das wahre Christentum erziehen." Trotz dieser verständigen und vernünftigen Darlegung der Ziele der Realschule wollte ein freundschaftliches Verhältnis zwischen derselben und dem Gymnasium sich nicht herstellen lassen, ja wie stark der zwischen den beiden höheren Schulen bestehende Gegensatz war, das beweist wohl am besten, daß, als das Gymnasium einen Lehrer für das Italienische anstellte, die höhere Bürgerschule bei der Regierung klagbar wurde, das Gymnasium suche sich über seine Sphäre auszubreiten, beeinträchtige dadurch die Realschule und widerstrebe den wohlthätigen Absichten der Gemeinde wie der Regierung. Diese Bewegung ergriff auch die Bürger Elberfelds

selbst; von diesen wurden die Schirmer des Gymnasiums Aristo-
kraten, lateinisch und griechisch wurde aristokratisch genannt.
1832 erhielt die höhere Bürgerschule das Recht zu Entlassungsprüfungen und wurde somit als Realschule anerkannt.

Dies Jahr 1832 war ein wichtiger Wendepunkt in der Entwickelung der Realschulen. Da die Regierung denselben volle
Freiheit der inneren Organisation gelassen hatte, so liefen sie
nach den individuellen Ansichten der einzelnen Leiter und Kura-
torien sowie nach den örtlichen Verhältnissen Gefahr, in Zer-
fahrenheit zu verfallen. Die Verordnung der Prüfung der Schulamtskandidaten vom 12. Juli 1810 hatte diese Schulen unberück-
sichtigt gelassen; um nun auch ihnen die nötigen Lehrkräfte zu-
zuführen, wurde unter dem 20. April 1831 bestimmt, daſs auch
die künftigen Lehrer aller öffentlichen höheren Bürger- und
Realschulen ebenso wie die der Gymnasien vor das Forum der
wissenschaftlichen Prüfungskommissionen zu ziehen seien, und
am 8. März 1832 erfolgte dann die bedeutsame, von Kortüm, der
das rheinische Schulwesen ja als Direktor in Düsseldorf und als
Schulrat sehr genau kennen gelernt hatte, ausgearbeitete Instruktion des Unterrichtsministeriums für die an den höheren
Bürger- und Realschulen anzuordnenden Entlassungsprüfungen,
welche, indem sie an das Zeugnis der Reife mehrere materielle
Vorteile, die Berechtigung zum Eintritt in den einjährigen Militärdienst, in das Post-, Forst- und Baufach und in die Büreaus der
Provinzialbehörden knüpfte, auch Städte, in denen der Handels-
und Gewerbestand weniger vorherrschend waren, zur Errichtung
von Realschulen aufmunterte. In der Rheinprovinz wurden die
Realschulen in Köln, Crefeld, Barmen und Elberfeld als
solche anerkannt, welche im Sinne der Instruktion Reifeprüfungen
vornehmen konnten.

Schon im Jahre 1835 wurde in Aachen eine höhere Bürgerschule errichtet, welche im nächsten Jahre die Berechtigung zu
der nach der Instruktion von 1832 angeordneten Entlassungsprüfung erhielt; auch hier hatte das Kuratorium in seiner Er-
öffnungsschrift sehr verständig sich über den Zweck der Realschule ausgesprochen: „Sollen die höheren Bürgerschulen für
den Bürgerstand das sein, was die Gymnasien dem gelehrten
Stande sind, so muſs ihr Unterricht das Gepräge der Wissen-

schaftlichkeit haben und mechanische Abrichtung von ihnen fern
sein." In Duisburg gab 1827 der Direktor des Gymnasiums,
Johann Daniel Schulze, durch eine an die Duisburger Kauf-
mannschaft gerichtete Zuschrift die erste Anregung zur Gründung
der Realschule. Nachdem der von ihm eingereichte Plan von
dem Provinzial-Schulkollegium genehmigt worden war, wurde in
Verbindung mit dem Gymnasium die Realschule am 12. April
1831 eröffnet. 1834 erfolgte die erste Abiturientenprüfung, nach
der Instruktion von 1832 und 1837 erwarb die Realschule das
Recht zu dieser Entlassungsprüfung. Nachdem die Schule dann
im Jahre 1859 in die Kategorie der Realschulen II. Ordnung gestellt worden, wurde sie 1862 zur Realschule I. Ordnung erhoben,
aber erst 1875 vom Gymnasium getrennt und so vollständig
selbständig, indem sie ein eigenes Gebäude bezog und unter die
Leitung eines eigenen Direktors, Dr. Quintin Steinbart, gestellt wurde. Nicht uninteressant für die Entwickelung der
rheinischen Realschulen dürfte eine Bemerkung sein, welche der
Direktor des Gymnasiums und der Realschule in Duisburg, Landfermann, der spätere Provinzial-Schulrat, in dem Jahresberichte
1837/38 macht: „Von den aus der Realschule Abgegangenen
hat sich in diesem Jahre keiner der Entlassungsprüfung unterzogen. Obgleich wohl keiner von ihnen verkannte, daß, wenn
auch für den, der sich der Handlung oder den Gewerben widmet,
an das Bestehen dieser Prüfung keine großen äußerlichen Vorteile geknüpft sind, doch es ein Ehrenpunkt ist, sich selbst, den
Angehörigen, den Mitschülern und dem Publikum diesen vollständigen Beweis wohlangewendeter Schulzeit zu geben, so sahen
sich doch auch solche, welche ohne Zweifel die Prüfung mit
Ehren bestanden haben würden, durch die Aussicht auf die lange
Lehrlingszeit und die Notwendigkeit, günstige Gelegenheit zur
Erlangung von Lehrlingsstellen rasch zu ergreifen, veranlaßt,
die Schule zu verlassen, ehe sie in ihrer Bildung bis zum Ziel
der Schule gefördert waren. Die gleiche Erfahrung dürften wohl
alle Realschulen noch mehr oder weniger machen. Es scheint
sich hierin ein Mißverhältnis kund zu geben zwischen dem Zwecke
und der Aufgabe des noch jungen Instituts der Realschulen und
den althergebrachten Verhältnissen der Handelslehrlingschaft.
Die meist vierjährige Lehrzeit, wozu noch der Militärdienst

kommt, war auf Jünglinge berechnet, die nur die mäßigen Fertigkeiten, welche die älteren Elementarschulen lehrten, mitbrachten;
gegenwärtig, wo die Realschulen ihren Zöglingen eine so weit
geförderte theoretische Vorbildung gewähren, scheint die Zeit
praktischer Ausbildung, die Lehrjahre nämlich, ohne irgend einen
Nachteil abgekürzt, vielleicht auf zwei Jahre ermäßigt werden
zu können: jedenfalls wird es, wenn nicht eine solche Abkürzung
der Lehrzeit Regel wird, immer zu den glücklichen und seltenen
Ausnahmen gehören, wenn ein künftiger Handelslehrling den
Kursus einer Realschule vollständig durchmacht."

Seit dem Jahre 1835 war durch den Oberbürgermeister
v. Fuchsius in Düsseldorf die Anregung zur Gründung einer
Realschule gegeben worden; der Stadtrat erkannte dieselbe einstimmig als ein dringendes Bedürfnis an und auch die Regierung
verwandte sich für diesen Plan auf das angelegentlichste bei
dem Ministerium. Glücklicherweise ging man nicht auf den
Vorschlag des Provinzial-Schulkollegiums ein, die Realschule mit
dem Gymnasium zu vereinigen, sondern errichtete von vornherein
eine selbständige Anstalt, welche am 28. Mai 1838 von dem
ersten Direktor Dr. Franz Heinen eröffnet werden konnte. Im
Jahre 1841 erlangte sie das Recht zu den Entlassungsprüfungen
nach der Instruktion von 1832.

Schon sehr frühzeitig begann man in Trier mit der Errichtung einer realen Lehranstalt. Die erste Urkunde, welche
den Prospekt „zur Errichtung einer Knaben-Bürgerschule für
die Stadt Trier" enthält, datiert vom 14. November 1821. Sie
bezeichnet als Zweck der Anstalt, für diejenigen Knaben der
Stadt und Umgegend, welche eigentlich nicht zum gelehrten
Stande für die Zukunft bestimmt sind, in einem viel kürzeren
Zeitraume, als es auf dem hiesigen Gymnasium geschehen kann,
mit Übergehung aller für die künftige Bestimmung unnötigen
Lehrgegenstände, und mit einem desto festeren Blick auf dasjenige, was den Knaben fürs Künftige wirklich wichtig und
wesentlich ist, eine solche Ausbildung zu geben, daß sie mit
einer richtigen Selbstkenntnis in allen Gegenständen hinreichend
sich vorbereitet finden, um als gescheide, in ihrer Art gebildete
Menschen, in ihren künftigen Gewerbs- und Geschäftszweigen mit
Anstand und Nutzen sich bewegen zu können." Es entstand zu-

nächst eine Privatschule, die bald einen guten Fortgang nahm
und schon 1824 zu einer öffentlichen Stadtschule erhoben wurde.
Aber trotz der Wärme, womit die städtische Behörde die Interessen der Anstalt vertrat und der Teilnahme, mit der sie alles
that, was ihr Aufblühen fördern konnte, zeigte sich doch eine
Erscheinung, welche in den Städten, in denen neben der Realanstalt ein Gymnasium bestand, häufig genug vorkam, daß das
Schülermaterial der Bürgerschule fast durchweg für einen streb-
samen Lehrer kein sehr einladendes gewesen sein muß. „Im
Mangel an Talent", heißt es in einem Revisionsbericht der Trierer
Anstalt aus dem Jahre 1825, „liegt freilich bei vielen die Ur-
sache der schleichenden Fortschritte, und mit solchen Subjekten
ist meistens die Schule bevölkert: nämlich die zu studieren
im Gymnasium nicht taugen. Die Bürgerschule soll da nach-
helfen, wo es fehlt, und Anlagen entwickeln, wo keine sind."
Dennoch nahm die Anstalt mehr und mehr an Schülerzahl zu.
1827 wurde sie auch von der Regierung als öffentliche Lehranstalt anerkannt, 1830 erfuhr sie die Änderung, daß mit derselben
eine Gewerbeschule verbunden wurde und demnach nun die
höhere Stadtschule bezwecken sollte, ihren Schülern eine, dem
gesteigerten Kulturzustande der gewerbetreibenden Bürgerklasse
angemessene, allgemeine Bildung zu geben, zugleich aber auch
dieselben zum Übergang in eine Gewerbe- oder Kunstschule vorzubereiten. Die steigende Finanznot hielt aber die Bürgerschule
ab, in die Reihe der Anstalten einzutreten, denen nach der Instruktion von 1832 die Entlassungsprüfungen zustanden. Nach
manchem Hin- und Herschwanken drohte die Anstalt ganz zu
verfallen, da gelang es, durch die Gewinnung des bisherigen
Oberlehrers am Gymnasium zu Düsseldorf, Dr. Druckenmüller,
die Reorganisation zu einer sechsklassigen höheren Bürgerschule
durchzuführen. Mit dem Beginn des Schuljahres 1847/48 wurde mit
dieser Bürgerschule die Provinzial-Gewerbeschule vereinigt und
Herbst 1848 konnte Direktor Druckenmüller die erste Entlassungsprüfung abhalten, welche so gut ausfiel, daß der Anstalt das
Recht „Entlassungsprüfungen abzuhalten" zugesprochen und sie
damit in die Reihe der staatlich berechtigten Realschulen aufgenommen wurde. Eine große Ausdehnung hatte also das Realschulwesen in der Rheinprovinz bis zum Jahre 1848 nicht ge-

nommen, denn abgesehen von Malmedy, wo ebenfalls der Versuch gemacht worden war mit der Gründung einer solchen
Anstalt, die aber schon 1851 wieder zu einer Mittelschule herab-
sank, waren nur die erwähnten acht reinen Realanstalten entstanden, zu denen 1856 noch Mülheim a. d. Ruhr und 1857
Ruhrort hinzukamen, gegenüber 41 Anstalten mit gymnasialem
Charakter. Die vorläufige Instruktion des Jahres 1832 hatte
allerdings den Realschulen Ansehen verliehen und irrige Vor-
stellungen über ihren Wert und ihre Bedeutung beseitigt, aber
durch die Einführung des Lateinischen, an dessen Kenntnis verschiedene der zugestandenen Berechtigungen geknüpft waren,
wurden sie von ihrer eigentlichen Bahn abgedrängt und den
Gymnasien wieder genähert. Schon in der Verfügung vom
18. September 1838 wurde von der Regierung ausdrücklich erklärt, daß „das Entlassungszeugnis der höheren Bürgerschulen
nur denjenigen die an das Zeugnis des Besuches der Sekunda
eines Gymnasiums geknüpften Berechtigungen zusichert, die auch
im Lateinischen den Anforderungen bei der Entlassung entsprechen." Auch wurden die Behörden angewiesen, daß „die
lateinische Sprache, die in den höheren Bürgerschulen nur zum
größten Nachteile für einen gründlichen Unterricht vernachlässigt
werden könne, gelehrt und mit solcher Gründlichkeit behandelt
werde, daß die zu Entlassenden den Bestimmungen des Reglements vollständig entsprechen können." Nachdem noch zwei der
letzten ähnliche Verfügungen aus den Jahren 1840 und 1841
erschienen waren, wurde am 30. Oktober 1841 das Zeugnis der
Reife, d. h. also die Erwerbung aller Berechtigungen von dem
Nachweis der Kenntnis des Lateinischen abhängig gemacht.

Trotzdem nun die Städte sich beeilten, die Forderungen der
Regierung zu erfüllen, entsprach doch der Besuch der oberen
Klassen den Erwartungen nicht, die Schülerzahl blieb im Ver-
hältnis zum Gymnasium eine minimale, während die Sexta
außerordentlich stark angefüllt war. So schwankt z. B. in
Düsseldorf der Besuch der vereinigten ersten Klasse in den
Jahren 1842—1859 zwischen 10 bis 20 Schülern, nur einmal,
1849, erhebt er sich auf 29, dagegen weist die Sexta 40 bis 70
Schüler auf, Duisburg entläßt bis 1859 nur 12 Abiturienten, in
Köln zählt die vereinigte erste Klasse in diesen Jahren 5 bis 40,

die Sexta 42 bis 98 Schüler, in Elberfeld hat zuweilen die Prima kaum 3 Schüler, die Sexta über 90. Es war daher natürlich, daß die Realanstalten, um sich zu halten, die Forderung nach erweiterten und vermehrten Berechtigungen und schließlich nach voller Gleichberechtigung mit dem Gymnasium stellten. 1843 ging im rheinischen Provinzial-Landtag zu Düsseldorf fast einstimmig der Antrag durch, daß die Staatsregierung bei der Unterhaltung der Realschulen sich in Preußen in ähnlicher Weise wie in den anderen deutschen Staaten beteiligen und „die Gleichstellung derselben mit den Gymnasien auch auf eine gleiche Berechtigung zu Unterstützungen aus den Staats-Kassen ausgedehnt werden möge".

Das Jahr 1848 schien den Realschulen wirklich freie Bahn verschaffen zu sollen. Ganz besonders im Rheinlande war man thätig.

Mehrere Reallehrer von den Realschulen zu Köln, Düsseldorf, Aachen, Elberfeld und Crefeld traten in Köln zu einer Beratung zusammen und beschlossen, eine Versammlung von Lehrern an Real- und höheren Bürgerschulen in Rheinland und Westfalen nach Benrath bei Düsseldorf zu berufen. Diese fand am 13. Mai statt und war von 15 Mitgliedern der Realschul-Kollegien in Köln, Düsseldorf, Elberfeld und Crefeld besucht. Die von ihnen vereinbarten Vorschläge wurden dann der am 16. und 17. Juni in Deutz abgehaltenen großen Versammlung von Realschulmännern vorgelegt und nach sehr eingehender zweitägiger Beratung dem Ministerium zur Kenntnis gebracht. Die wichtigsten dieser Beschlüsse, welche unter dem Vorsitze der Direktoren Egen und Heinen gefaßt wurden, waren folgende: 1) Die vollständigen, zur gesetzlichen Abiturienten-Prüfung berechtigten Realschulen werden in allen Beziehungen im Range und im Ressort-Verhältnisse mit den Gymnasien gleich gestellt; sie werden demnach, wie auch die übrigen Anstalten, die ähnliche Tendenzen verfolgen, den Provinzial-Schulkollegien unmittelbar untergeordnet.

2) In dem Provinzial-Schulkollegium sowohl, als im Unterrichts-Ministerium, werden für die Angelegenheiten der Realschulen Räte angestellt, die selbst an Realschulen, gleichviel in welchem wissenschaftlichen Fache, praktisch thätig waren.

3) Das Ministerium sichert den Realschulen oder höheren
Bürgerschulen und den Anstalten ähnlicher Tendenz, wie bisher
den Gymnasien und Progymnasien, nach dem Bedürfnisse ihres
Etats Unterstützung aus Staats- und Landes-Fonds zu.

4) Die Realschulen sehen in der Ungleichheit der Höhe des
Schulgeldes an den höheren Anstalten desselben Ortes ein be-
deutendes Hindernis ihrer Wirksamkeit, und wünschen diese
Ungleichheit, wo sie aus der Ungleichheit in der Unterstützung
durch Staats- und Landes-Fonds hervorgegangen ist, möglichst
beseitigt.

5) Durch Errichtung von besonderen Lehrstühlen für neuere
Sprachen und Litteratur, sowie von Seminarien, an Universitäten,
welche, soweit es noch nicht geschehen, auch die mathematischen
und naturwissenschaftlichen Disziplinen in ihren praktischen Lehr-
kreis aufnehmen, wird von Staatswegen für die praktische Ausbildung von Lehrern für die Realschulen Sorge getragen. Auch
werden diejenigen Kandidaten, welche für die Realschulfächer
die Oberlehrer-Prüfung bestanden haben, zu dem Zwecke Reise-
stipendien bewilligt, um sich für Erteilung eines gründlichen,
gedeihlichen und praktischen Unterrichtes eine vollkommene Befähigung anzueignen.

6) Die bisherigen, unter Leitung eines Kgl. Kommissars
abzuhaltenden Abiturienten-Examina werden beibehalten, mit dem
Wunsche, daß das Abiturienten-Prüfungsreglement bald einer
Revision unterzogen werde.

7) Es bleibt den Realschulen anheimgegeben, den lateinischen
Unterricht als Unterrichtsgegenstand aufzunehmen oder nicht.

8) Ein genügendes Abgangszeugnis der Reife berechtigt:
a) zur Immatrikulation auf einer Universität; b) zum Besuche
der Bauschule in gleicher Art, wie das Zeugnis der Reife für
die Prima eines Gymnasiums; c) zum Besuche des Gewerbe-
instituts; d) zum Eintritt in das Forst-, Post-, Militär- und
Bergfach, sowie in die Büreaus der Provinzial- und Central-
Behörden.

9) Das Kgl. Gewerbe-Institut wird dahin umgestaltet und
erweitert, daß alle sich Anmeldenden, welche sich durch ein
Zeugnis der Reife als qualifiziert ausweisen, aufgenommen werden können.

10) Die Schüler der Realschulen und die aus ihnen zur Universität und höheren Fachschulen Abgegangenen sind zu gleichen Ansprüchen auf die Stipendienfonds berechtigt, wie die Schüler und Abiturienten der Gymnasien, insofern diese Fonds nicht ausdrücklich an den Besuch bestimmter Anstalten und an bestimmte Fachstudien geknüpft sind, zu denen Realschüler nicht übergehen.

11) Alle Jahre tritt in je zwei Provinzen eine Provinzial-Versammlung, und alle drei Jahre eine Reichs-Versammlung, bestehend aus den betreffenden Ministerial- und Provinzial-Schulräten, aus den Direktoren der Realschulen und Deputierten ihrer Lehrerkollegien und Schulkuratorien zusammen, welcher alle wichtigen Gesetze und Verordnungen über das Realschulwesen vor ihrer Emanation zur Beratung vorgelegt werden. Die Verhandlungen dieser Versammlungen sind öffentlich; über die Geltung ihrer Beschlüsse bleiben die näheren gesetzlichen Bestimmungen vorbehalten.

12) Die technischen Lehrer, insofern ihre amtliche Thätigkeit an einer Anstalt die volle Stundenzahl einer Lehrerkraft in Anspruch nimmt, werden, wie die übrigen Lehrer an Realschulen, definitiv angestellt und sind Mitglieder des Lehrerkollegiums.

13) Die Lehrer der Realschulen werden in allen Beziehungen als Staatsbeamte anerkannt.

Aus den weiteren Beschlüssen ist noch der 15. interessant, welcher lautete: Die Versammlung tritt einstimmig dem Proteste mehrerer Lehrer von Rektorat- und solchen höheren Bürgerschulen, welche nicht zu Abiturienten-Prüfungen berechtigt sind, gegen das hohe Ober-Präsidial-Reskript vom 9. Juni 1848 bei, wonach diese Anstalten angewiesen werden, in Gemeinschaft mit den Elementarschulen über die Reform des Volksschulwesens zu beraten.

Die Regierung gab dem Drängen nach und berief im April 1849 Abgeordnete aus dem Gymnasial- und Reallehrerstande der ganzen Monarchie nach Berlin zur Beratung über die Reorganisation des gesamten höheren Schulwesens Nach dem von der Regierung vorgelegten Entwurf sollten beide Arten höherer Schulen einen gemeinsamen Unterbau in den drei unteren Klassen haben und nur in den oberen als Obergymnasium und Realgymnasium ihre eigentümlichen Zwecke verfolgen. Damit war den Zöglingen beider Anstalten der Zutritt zu allen Berufsarten, auch zu der Universität eröffnet. Aber diese Pläne gingen nicht in Erfüllung, vielmehr wurde durch eine Reihe von Verfügungen das Berechtigungswesen der Realschulen stark beschnitten: so wurde ihnen 1855 das Recht der Entlassung zur Bauakademie entzogen, 1856 die höhere Laufbahn im Bergfach gesperrt, 1857 zwar nicht der formelle Ausschluß vom Postdienst ausgesprochen, aber die Realabiturienten wurden doch erheblich ungünstiger gestellt als die Gymnasialabiturienten. Gegen diese Schritte der Regierung wandten sich vor allen Dingen wieder die rheinischen Realanstalten, die Handelskammern und die rheinischen Provinzialstände, so daß das Ministerium — es war der Kultusminister der neuen Ära v. Bethmann-Hollweg — sich zu einer „endgültigen" Regelung des Realschulwesens entschließen mußte. Sie erfolgte am 6. Oktober 1859 in der „Unterrichts- und Prüfungsordnung für die Real- und höheren Bürgerschulen". Schon vorher waren die Realschulen unter die Verwaltung der Provinzial-Schulkollegien gestellt worden, während sie bis dahin mit den Volksschulen unter der Verwaltung der Regierung gestanden hatten, unter welcher die nicht mit Gymnasien verbundenen höheren Bürgerschulen und Realschulen II. Ordnung auch weiter verblieben. Es bestanden nunmehr Realschulen I. Ordnung, Realschulen II. Ordnung und höhere Bürgerschulen. Die ersten bildeten die eigentliche normale Form der Realschule: Anstalten mit neunjährigem Kursus und Latein durch alle sechs Klassen. Die beiden anderen wurden unvollständige Realschulen mit weniger Klassen und kürzerem Kursus; zwischen ihnen bestand wieder der Unterschied, daß bei der Realschule II. Ordnung der Kursus sich unabhängiger von den Forderungen der Prüfungsordnung und der Rücksicht auf Berechtigungen gestaltete, im besonderen in betreff des Lateinischen, welches hier als fakultativer Unterrichtsgegenstand behandelt werden kann; die höheren Bürgerschulen dagegen wurden Anstalten, die dem Lehrplan der Realschulen I. Ordnung folgen, nur ohne die Prima; sie sind später mit bezeichnenderem Namen Real-Progymnasium genannt worden.

Nach dieser 1859 erlassenen Unterrichts- und Prüfungsordnung erhielten im Rheinlande die Berechtigung als Realschulen I. Ordnung die Anstalten in Köln, Düsseldorf,
Elberfeld, Barmen, Mülheim a. d. Ruhr und Trier, als
Realschulen II. Ordnung wurden bestimmt die Anstalten in
Crefeld, Aachen und Duisburg, welche aber noch mit dem
Gymnasium verbunden blieb; als höhere Bürgerschule wurde
1859 zunächst keine anerkannt, aber schon 1860 die Anstalten
in München-Gladbach und Rheydt dazu erhoben. Von nun
an entwickelte sich das Realschulwesen in der Rheinprovinz in
ganz bedeutender Weise. So entstanden, bezw. wurden erweitert
die Realanstalten in Aachen, Barmen-Wupperfeld,
Düren, Dülken, Düsseldorf, Essen, Eschweiler, Köln —
Realschule I. Ordnung mit dem Friedrich-Wilhelms-
Gymnasium verbunden, wieder aufgelöst 1883 — Kreuznach — Realklassen mit dem Gymnasium verbunden — Lennep,
Mülheim a. Rhein, Neuwied mit Gymnasialklassen, Oberhausen, Remscheid, Ruhrort und Solingen. Einen weiteren Schritt auf dem Wege zur Gleichberechtigung mit den
Gymnasien schienen die Realanstalten durch die Verfügung vom
7. Oktober 1870 zu nehmen, durch welche es den 'Realabiturienten gestattet wurde, das Studium der Mathematik und Naturwissenschaft und der neueren Sprachen in der philosophischen
Fakultät zu treiben mit dem Rechte auf Zulassung zur Prüfung
pro facultate docendi und auf Anstellung im höheren Schulfach.
Die sehnlichst gewünschte Zulassung zum Studium der Medizin
erreichten sie nicht, doch brachte sie die neue Lehrordnung des
Jahres 1882 dem Ziele der Gleichstellung mit den Gymnasien
bedeutend näher. Die Realschulen I. Ordnung erhielten den lang
erstrebten Namen Realgymnasium. In dem Erlasse des Ministeriums vom 31. März 1882 war aber noch eine dritte Klasse
höherer allgemeiner Bildungsanstalten anerkannt worden, die
lateinlose Oberrealschule, und außerdem wurde noch eine
andere Art lateinloser Schulen, die höhere Bürgerschule eingeführt. So war das lateinlose Schulwesen entschieden im Auf-
steigen begriffen. Dagegen traf das Realgymnasium durch die
Lehrpläne von 1891 ein sehr empfindlicher Rückschlag, es wurde
durch die Herabminderung des Lateinischen wieder in die Stellung

4*

vor 1882 zurückgewiesen. Die Folge davon war, daß in der Rheinprovinz verschiedene Realgymnasien sich in Gymnasien umzuwandeln oder wenigstens parallele Gymnasialklassen zu schaffen begannen, wie Düsseldorf, Köln, welches, unter Direktor Prof. Dr. Schorn stehend, jetzt den Namen: „Städtisches Gymnasium und Realgymnasium in der Kreuzgasse" führt, Mülheim a. Rhein und Trier. Durch die Lehrpläne von 1891 hatten überhaupt die höheren Schulen eine gründliche Umgestaltung in ihrer inneren und äußeren Verfassung erfahren. Alle Schulen von sieben Klassen, zu denen die Realschulen gehörten, wurden aufgehoben, es gab hinfort neben den neunklassigen Gymnasien, Realprogymnasien und Oberrealschulen nur noch sechsklassige Progymnasien, Realprogymnasien und Realschulen, wodurch manche Gemeinden bestimmt wurden, die Progymnasien und Realprogymnasien in Realschulen umzuwandeln oder die Schaffung einer Oberrealschule anzustreben. So sind die Realprogymnasien in Dülken und Lennep in der Umwandlung zur Realschule, das zu Düren in der zur Oberrealschule begriffen.

Es bestehen gegenwärtig acht Oberrealschulen in der Rheinprovinz zu: Aachen, Barmen, Bonn, Crefeld, Elberfeld, Köln, Rheydt, Saarbrücken. Die Namen dieser Industrie- und Gewerbe-Städte führen, abgesehen von Bonn, schon von selbst auf den Grund der Entstehung dieser Schulen, welche einen ganz eigenartigen Entwickelungsgang genommen haben.

Bis zum Jahre 1817 gab es in Preußen keine Lehranstalt für Gewerbe und Industrie. Diese beiden so wichtigen Zweige des Volkslebens sahen sich auf die Wiederbelebung ererbter Technik und auf eine kümmerliche Nachahmung des Auslandes, namentlich Englands angewiesen. Beuth, der Direktor der technischen Gewerbe-Deputation im Handelsministerium, zeigte den Weg. 1817 bewirkte er die Errichtung von Handwerker-Fortbildungsschulen an den Sitzen der Kgl. Bezirksregierungen. 1821 gründete er das Gewerbe-Institut in Berlin, nach dessen Vorbilde nun in den einzelnen Provinzen Schulen errichtet wurden, die man zum Unterschiede von der bevorzugten Berliner Schule Provinzial-Gewerbeschulen nannte. In Aachen entstand die erste dieser Schulen des Rheinlandes, es folgten auch solche rasch in anderen Städten, die zum Teil sich an die Real- und

Bürgerschulen anlehnten. 1850 erhielten diese Provinzial-Gewerbeschulen übereinstimmende Einrichtungen und ein Reglement
für die Entlassungsprüfungen, mit deren Bestehen die Befähigung
zum Besuche des Berliner Gewerbeinstitutes und die Berechtigung zum einjährigen Dienst verbunden war. Diese Befähigung, die Entlassungsprüfung abzuhalten, bekamen im
Rheinlande die Provinzial-Gewerbeschulen zu Aachen, Köln,
Crefeld und Trier; 1870 erfuhren die Gewerbeschulen eine neue
bedeutsame Umgestaltung. Sie wurden zu einer höheren Lehranstalt erhoben, welche von dem eintretenden Schüler die Reife
für eine Sekunda verlangte und in ihrem Unterrichtsplane außer
dem Latein und der Religion sämtliche Lehrgegenstände um-
faßte, die auf der Realschule betrieben wurden. In dieser Gestalt wurden die neuen Schulen in ziemlich erheblicher Zahl errichtet. Aber da die Einrichtung der obersten in vier Abteilungen zerfallenden sogenannten Fachklassen große pekuniäre
Opfer erforderte und außerdem sich sehr bald unbestreitbare
andere Mängel des Lehrplanes, der Lehrkräfte und des Schüler-
materiales herausstellten, und diese Gewerbeschulen sich als eine
unerfreuliche Mischung von allgemeiner Bildungsanstalt und von
Fachschule, von Vorbereitungsstätte für die Hochschulen und
von Ausbildungsanstalt für das praktische Leben zeigten, so
wagten von 27 Provinzial-Gewerbeschulen nur 11 diesen schweren
Übergang, die übrigen verloren ihre Berechtigungen und lösten
sich auf. Die übriggebliebenen Gewerbeschulen waren nach wie
vor auch in ihrer neuen Gestaltung dem Kgl. Handelsministerium
unterstellt, während der ihnen allmählich beigefügte drei- bis
vierklassige Unterbau, entsprechend den anderen höheren Lehranstalten, eigentlich zum Ressort des Kgl. Unterrichts-Ministe-
riums gehört hätte. Alle diese Umstände ließen eine neue
Umwandlung der Gewerbeschulen nötig erscheinen. Bei den
Vorberatungen, namentlich den amtlichen Verhandlungen im
Handelsministerium und den beiden Häusern des Landtages erkannte man mehr und mehr die hohe Bedeutung lateinloser höherer Lehranstalten an. Nach dem Reformplane
waren nun die reorganisierten Gewerbeschulen umzuwandeln
entweder in lateinlose Realschulen — Oberrealschulen — mit
neunjährigem Kursus und der Berechtigung für die technischen

Hochschulen und den technischen Staatsdienst vorzubereiten oder
in sechsklassige lateinlose höhere Bürgerschulen mit zwei an-
schließenden technischen Fachklassen. Inzwischen war im Jahre
1879 die Ministerial-Abteilung für das technische Unterrichtswesen mit ihrem Dezernenten, dem Geh. Ober-Regierungsrat
Dr. Wehrenpfennig, vom Handelsministerium abgelöst und dem
Unterrichtsministerium zugeteilt worden. Zu gleicher Zeit gingen
die Provinzial-Gewerbeschulen aus dem Ressort der Kgl. Regierungen in das der Provinzial-Schulkollegien über.

In der Rheinprovinz befanden sich damals sieben Gewerbeschulen, die nun zu dem Geschäftsbereich des Provinzial-Schulkollegiums gehörten, zu Elberfeld, Barmen, Crefeld, Aachen,
Köln, Coblenz und Saarbrücken. Für diese war die Umgestaltung in neunjährige Realschulen beantragt worden. Bei der
Revision aber stellte sich heraus, daß höchstens an vier Orten
in Elberfeld, Crefeld, Köln und Coblenz diese höhere Schulform
zugelassen werden konnte. In Aachen war die Gewerbeschule
noch im Entstehen, die Klassen waren bis Sekunda geführt und
nach unten stark besucht, aber es fehlte noch fast an allen Bedingungen einer höheren Lehranstalt. Eine Verschmelzung mit
der dort bestehenden Realschule I. Ordnung wurde von der
Stadt abgelehnt: so wurde die alte Gewerbeschule nach langen
Verhandlungen im Jahre 1883 zu einer lateinlosen Realschule
und einer zweiklassigen mittleren Fachschule umgewandelt. In
Saarbrücken wurde zwar das Bedürfnis einer höheren lateinlosen Schule anerkannt, aber die Größe der Kosten, welche zu
der Einrichtung derselben notwendig waren, ließen einstweilen .
von derselben absehen. In Barmen, wo sich außer den Gymnasien noch zwei Realanstalten, eine I. und eine II. Ordnung,
befanden, entschloß sich die Stadt, die Gewerbeschule in das
System einer höheren Bürgerschule mit zwei technischen Fachklassen überzuführen.

Ehe wir nun aber zu der Darstellung des inneren Lebens
der höheren Schulen der Rheinprovinz übergehen, dürfen die
ganz eigenartigen Bestrebungen Julius Ostendorfs in Düsseldorf nicht unerwähnt bleiben. Er kam Ostern 1872 von Lipp-
stadt, wo er aus einer dreiklassigen Stadtschule eine weit über
Preußen hinaus bekannt gewordene Realschule I. Ordnung ge-

schaffen hatte und suchte nun in Düsseldorf das ganze Schulwesen zu erweitern und umzugestalten. Seine Vorschläge zielten
auf die Begründung einer sechsklassigen höheren Bürgerschule
und einer siebenklassigen Gewerbeschule, sowie die Umwandlung
der Realschule I. Ordnung in ein Realgymnasium ab. Seine
Idee war, auf der dreiklassigen Elementar- oder Vorschule für
Knaben vom vollendeten 6. bis zum vollendeten 9. Jahre eine
dreiklassige Mittelschule (vom 9. bis zum 12. Jahre) aufzubauen,
in welcher das Französische, welches er für den besten, modernen
Unterbau des Sprachunterrichtes hielt, die Grundlage bilden sollte.
An diese Mittelschule sollten in Dreigabelung sich anreihen:
1) die Bürgerschule mit 3 Klassen (12—15 Jahr) mit Französisch; 2) die Gewerbeschule (5 Klassen vom 12.—17. Jahre) mit
Französisch und Englisch; 3) die siebenklassige Gelehrtenschule
oder das Gymnasium (vom 12.—19. Jahre). Es handelte sich
also um eine Schule, wie sie heute in der sogenannten Einheits-
schule verwirklicht werden soll, nur daß Ostendorf das Französische als Grundlage des Sprachunterrichtes wünschte. Diesen
Plan einer einheitlichen Gelehrtenschule gab aber Ostendorf
schon ein Jahr später wieder auf und schlug nun vor, daß an
den beibehaltenen sechsklassigen gemeinsamen Unterbau (drei
Vorschulklassen und drei Mittelschulklassen) sich einerseits drei
obere Klassen anschließen sollten, welche den Mittelschulunter-
richt fortsetzen, vervollständigen und, unter Umständen auch
durch Aufnahme des Englischen, erweitern, und mit der Mittelschule zusammen die höhere Bürgerschule bilden; andererseits
sollte sich die höhere Schule, das Gymnasium, anreihen, welches
aus zwei Unterklassen (mit Französisch und Latein) und vier
nach drei Richtungen hin auseinandergehenden Oberklassen
besteht, von denen die oberste einen zweijährigen Kursus hat.
Die drei Richtungen bezeichnete er als eine altklassische, eine
neusprachliche und eine naturwissenschaftlich-mathematische Abteilung. Die ein Jahr zuvor geplante Gewerbeschule hatte er
fallen lassen. Aber diese Ideen schienen damals den Behörden
doch zu weitgehend zu sein; auch die Kollegen verhielten sich
zum größten Teil ablehnend. Dazu kam dann noch der besonders in Düsseldorf sehr schwer empfundene Niedergang des
geschäftlichen Lebens im Anfang der siebziger Jahre. Die Ge-

werbebank hatte dort falliert und Hunderte von Familien kredit-
und arbeitslos gemacht. Die Stadt konnte die finanziellen Mittel
nicht aufbringen, um die Lehrer zu besolden, welche für die oft
geringe Zahl von Schülern nötig waren, die an der Realschule
fakultativen Unterricht im Italienischen, Spanischen, Griechischen,
Lateinischen u. s. w. erhielten. So mußte Ostendorf seine ver-
heißsungsvollen Pläne und Hoffnungen aufgeben.

II

Aus dem inneren Leben der höheren Schulen.

1. Der Unterricht.

a) Der Unterricht an den humanistischen Anstalten.

In den Akten des Provinzial-Schulkollegiums zu Coblenz findet sich eine Bemerkung Wieses, welche er in dem Berichte über seine Revision der Rheinprovinz im Jahre 1852 von der Thätigkeit eines Direktors gethan hat. Es heißt dort: „Bei seiner bewährten Einsicht und Gewissenhaftigkeit kann es nur zum Gedeihen der Schule gereichen, wenn ihm in der Verwaltung derselben die volle Freiheit der Anordnung gelassen wird, welche überhaupt den Direktoren der höheren Lehranstalten innerhalb der gesetzlichen Schranken gebührt und welche die notwendige Voraussetzung der ihnen obliegenden Verantwortlichkeit bildet." Wenn Wiese heute die höheren Schulen der Rheinprovinz wieder besuchen würde, so würde er wohl noch eine gewisse Art individuellen Lebens, eine noch immerhin eigenartige Gestaltung des Unterrichtes finden, namentlich an den Anstalten, welche unter der Leitung eines thatkräftigen, selbstthätigen Direktors stehen, im allgemeinen jedoch würde er eine gleichmäßige, von dem Reglement fest bestimmte Schulordnung treffen, welche sich über den Lehrplan wie über das ganze Leben der Schulen erstreckt. Wie ganz anders sah es am Anfang des Jahrhunderts aus, als die preußische Regierung das höhere Schulwesen der Rheinprovinz zu reorganisieren begann und mit weiser Erkenntnis des Gegebenen und Möglichen

den einzelnen Anstalten, soweit es irgend ging, volle Freiheit
der inneren Gestaltung ließ. Es mußte allerdings gleich anfangs
eine Norm geschaffen werden, nach welcher die Einrichtung der
höheren Schulen geschehen sollte, und so hat denn schon der
Generalgouverneur Sack in der am 14. September 1814 erlassenen
„Vorläufigen Instruktion für die Direktoren und Prinzipale der
Gymnasien, Kollegien und anderer gelehrter Schulen" die vorläufigen Weisungen gegeben. Nach dieser Instruktion sollte
der Unterricht, abgesehen von den Religionsstunden am Sonn-
tag und an dem sonst freien Donnerstag, an den übrigen fünf
Wochentagen in je vier Stunden vormittags und in je zwei
Stunden nachmittags erteilt werden und in sämtlichen Klassen
Deutsch und Latein, ferner in den oberen Klassen Griechisch,
Geschichte, Mathematik und Physik, in den unteren dagegen
außer den Anfangsgründen der Mathematik hauptsächlich Rechnen, Naturbeschreibung, Geographie und Kalligraphie umfassen.
Ein vorzüglich ehrenvoller Platz sollte der Muttersprache besonders in den Provinzen deutscher Zunge gebühren, welche
unter französischer Tyrannei dieses Kleinod sämtlich zu ver-
lieren in Gefahr standen. „Es ist daher nicht darauf zu sehen,
so heißt es in der Instruktion, daß sie grammatisch erlernt,
daß sie rein gesprochen und geschrieben werde, sondern sie
muß auch in den höheren Klassen, hinsichtlich ihrer klassischen
Schriftsteller, ebenso, wie die alten Sprachen, einen Gegenstand
der Poetik und Rhetorik ausmachen. Sie muß überdem in besonderen Vorträgen historisch behandelt, und keine Gelegenheit
versäumt werden, den Jüngling die reichen, heiligen Quellen
echt deutschen Geistes wenigstens ahnen zu lassen, welche
namentlich ihr Mittelalter in seinem Schoß birgt. Hingegen
sollen künftig alle neueren Sprachen, außer der Muttersprache,
von dem Cyklus des öffentlichen Unterrichtes gänzlich ausgeschlossen sein, und dem Privatunterricht oder dem Selbststudium
lediglich anheimgestellt bleiben. Nur in den Teilen des Ge-
neral-Gouvernements, wo die französische Sprache wirklich
Muttersprache ist, sollen ihr auch die Rechte der Muttersprache
vorbehalten werden. Denn fern sei es von uns, dem Beispiel
des gestürzten Tyrannen zu folgen und das wahrhaft Volkstüm-
liche irgendwo verdrängen zu wollen."

Dann als Sack nach der Teilung der Rheinlande in die beiden Provinzen Cleve-Berg und Großherzogtum Niederrhein zum Oberpräsidenten der ersteren ernannt worden war, erließ er am 6. Dezember 1815 zu der im vorigen Jahre veröffentlichten Instruktion nähere Bestimmungen, welche, wie schon S. 3 bemerkt, die Grundlage des neuen rheinischen höheren Schulwesens bilden sollten. Nach der an obiger Stelle, S. 3 ff., schon mitgeteilten äußeren Einrichtung der höheren Schulen folgen die wichtigen Bestimmungen über die Lehrobjekte und den Umfang derselben. Sie sollen hier soweit wie möglich im Wortlaut wiedergegeben werden, weil sie doch speziell für das Rheinland bestimmt, für die Entwickelung des höheren Schulwesens in demselben von nicht geringer Bedeutung gewesen sind. So heißt es in denselben:

„9) Die Gegenstände des Unterrichtes an einer jeden Schule sind entweder Sprachen oder Wissenschaften, oder technische Fertigkeiten und körperliche Übungen. Den ersteren gebührt in der Regel der größere Umfang, und sie nehmen daher in den oberen Klassen des Gymnasiums etwa fünf Achtel, in den unteren etwa die Hälfte der öffentlichen Lehrstunden ein. Für die allgemeinen, höheren und niederen Stadtschulen leidet diese Verteilung eine nach Umständen verschiedene Modifikation, indem daselbst der lateinischen Sprache nur ein geringerer Umfang eingeräumt werden kann, und die deutsche Sprache allein mit dem vollen Gewichte ihrer gerechten Ansprüche auftritt.

10) Alle neueren Sprachen, außer der Muttersprache, bleiben aus dem Lektionsplan der allgemeinen Stadtschulen und der Gymnasien ausgeschlossen.

11) In der obersten Klasse eines Gymnasiums kommt, nachdem für die beiden alten klassischen Sprachen und für die Muttersprache ein vollkommen fester und umfassender Grund gelegt ist, noch zur Vorbereitung künftiger Theologen die hebräische Sprache dazu, und es können die Primaner, während ihres dreijährigen Kursus, in zwei hebräische Coetus geteilt werden, von denen der eine die Anfänger, der andere die Gereifteren begreift. Jedoch fällt der hebräische Unterricht außer der Zeit der öffentlichen Lehrstunden und hat für jeden Coetus wöchentlich nur zwei Lektionen.

12) Der deutsche wie der lateinische Sprachunterricht geht
durch alle sechs Klassen des Gymnasiums, ebenso durch alle
Klassen der beiden allgemeinen Stadtschulen, jedoch mit der
oben bemerkten Beschränkung für die lateinische Sprache. Wer
in dieser auf einer der genannten Schulen nicht genug glaubt
fortschreiten zu können, um für die zweite Klasse eines Gymnasiums reif zu werden, muſs sich durch Privatlektionen helfen,
doch wird er bei angestrengter Selbstthätigkeit auch ohne diese
zum Ziele zu gelangen im Stande sein.

13) Die griechische Sprache wird an einem Gymnasium in
vier Klassen gelehrt, und in Quarta, der untersten Klasse der
mittleren Bildungsstufe, damit der Anfang gemacht. Am Umfange muſs sie in den oberen Klassen der lateinischen Sprache
wenigstens gleich, in der dritten und vierten Klasse ihr nicht
bedeutend nachstehen.

14) Die Wissenschaften, welche in den öffentlichen Unterricht der allgemeinen Schulen und Gymnasien gehören, sind:
Mathematik, Naturlehre und Naturbeschreibung, Geschichte,
Geographie und Religion, jedoch alle diese nur, insofern sie zu
einer höheren philosophischen Ansicht der Wissenschaft im allgemeinen, wie jeder insbesondere, und zu schwierigen Opera-
tionen des Verstandes vorbereiten, nicht insofern sie dieselbe
erfordern oder voraussetzen. Darum sind alle höheren Wissenschaften, als Philosophie, Logik, Ästhetik, Rhetorik, spekulative
Physik u. s. w., ebenso eine Encyklopädie der Wissenschaften im
allgemeinen sowohl als der Altertumswissenschaften insbesondere
aus der Schule auf die Universität verwiesen, die allein erst den
Jüngling auf den dazu gehörigen Standpunkt zu stellen vermag.
Der Vortrag einer Geschichte der Philosophie, insofern dieselbe
einen faſslichen Überblick der Philosophie und eine Vorbereitung
auf die einzelnen Teile derselben gewähren soll, hat nur für
die erste Klasse unserer höheren Gymnasien, und auch hier nur
in Ermangelung eines akademischen Kursus stattzufinden, so
daſs nach Errichtung einer rheinischen Universität diese Ausdehnung der Gymnasien wegfällt, und jene Lektionen wieder in
die Reihe der geschichtlichen überhaupt zurücktreten. Eine
gleiche Bewandtnis hat es mit den in das Verständnis der Alten
einführenden Hilfswissenschaften, welche als ein besonderer und

ausführlicher Cyklus von Altertumswissenschaften nur für die Universität gehören, die, nachdem die Schule durch Beseitigung aller durch die Sprachen selbst gegebenen Hindernisse das Verständnis der alten Klassiker geöffnet hat, nun durch die Benutzung der Quellen in die volle Welt des Altertums einführt, und ein ebenso deutliches als tiefergreifendes Bild desselben aufzustellen vermag. Jetzt ist in Ermangelung einer rheinischen Universität nur ein Umriß dieser Wissenschaften in der obersten Klasse der eigentlichen Gymnasien zu gestatten, und mit den geschichtlichen Lektionen zu verbinden, in deren Kreis aber auch künftig die alte Geschichte, wie die alte Geographie für die Gymnasien aufzunehmen ist. Wie denn auch durch das Obengesagte die Rhetorik, und mit ihr die Poetik als ein Eigentum der Schule abgesprochen ist, so sollen nun, nachdem die Scheidewand zwischen der Universität und der Schule bereits strenger gezogen werden kann, mit dem Namen einer Klasse der Poetik und Rhetorik auch diese Wissenschaften selbst aus dem Gymnasium wegfallen, dagegen eine reine, wie eine allgemeine angewandte Sprachlehre, wie sie im ersten Bande von Reinbecks Handbuch der Sprachwissenschaft entworfen ist, den oberen Klassen der Gymnasien eingeräumt, die Poetik und Rhetorik aber, welche der zweite Band liefern soll, der Universität vorbehalten bleiben.

15) Ebenso wie die höheren Ansichten der Wissenschaft und alle reine Spekulation der Universität anheimfällt, so müssen auch die bloß technischen Zwecke derselben den Spezialschulen überlassen sein, insofern sich dieselben mit streng wissenschaftlicher Darstellung in den allgemeinen Schulen etwa nicht vereinigen lassen. Diese Bemerkungen werden namentlich auf die Naturbeschreibung, Naturlehre und Mathematik anwendbar sein, und dürfen durchaus nicht übersehen werden, wenn die Schule nicht in jenen toten Mechanismus zurückverfallen soll, der das Wesen aller französischen Schulen war und ist.

16) Die Mathematik, insofern auch das praktische Rechnen darunter begriffen wird, gehört für alle drei genannte allgemeine Unterrichtsanstalten, geht durch alle Klassen derselben, und gewinnt, ohne irgendwo das wissenschaftliche Gewand ganz auszuziehen, an strengwissenschaftlicher Form, je nachdem sie

mehrere Bildungsstufen umfaßt. Die Zahl der dieser Wissenschaft zu widmenden Lektionen beträgt etwa den fünften Teil
des öffentlichen Unterrichtes überhaupt, und bleibt sich in allen
Klassen ziemlich gleich.

17) Die Naturbeschreibung wird auf einem Gymnasium in
den drei unteren Klassen gelehrt, und reihte sich auf der mittleren
Bildungsstufe an die Naturlehre an, welche die drei oberen
Klassen in Anspruch nimmt, und in der obersten der Mathematik
sich enger anschließt. Jede von beiden Naturwissenschaften
erfordert für ihre Klasse zwei wöchentliche Lehrstunden. Da
indessen in einer allgemeinen Stadtschule das, was von diesen
Wissenschaften an einem Gymnasium in die mittlere Bildungsstufe verlegt wird, noch in die untere gezogen werden muß, so
ist hier die Zahl der dazu gewidmeten Lehrstunden zu verdoppeln;
wie denn auch an einem Kollegium, wo der Unterricht in der
Naturlehre mehr zu erweitern ist, als dies in den mittleren
Klassen eines Gymnasiums geschehen kann, für diese Wissenschaft in den beiden oberen Klassen wöchentlich eine Stunde
mehr angesetzt werden muß.

18) Geschichte und Geographie als zwei unzertrennliche
Wissenschaften, die überall einander bedingen und ergänzen,
gehen in den beiden ersteren Bildungsstufen durch alle Klassen
hindurch immer nebeneinander, doch muß in der unteren Klasse
jeder Stufe die Geographie, in der oberen die Geschichte vor-
waltend sein. Auf der obersten Bildungsstufe treten sie zu einer
einzigen Lektion zusammen, in welcher jedoch die Geographie
mehr in den Hintergrund tritt, oder den dunkeln Grund ausfüllt,
auf welchem die handelnden Personen in mehr oder weniger
hellem Lichte hervortreten. Beide Wissenschaften in Vereinigung
erfordern für jede Klasse drei wöchentliche Lehrstunden. Jede
Bildungsstufe bildet dabei ein für sich abgeschlossenes Ganze,
welches die nächstobere nur darum wieder aufnimmt, um dasselbe zu erweitern, wodurch dann das Prinzip gegeben ist, nach
welchem dieser Unterricht für jede der drei genannten allgemeinen Schulen geordnet werden muß. Auch auf den Gymnasien
kann dieselbe Ordnung beibehalten werden. Die alte Geographie
ist natürlich mit der alten Geschichte, in der angegebenen Art,
zu verbinden.

19) Der Religionsunterricht, der von der unteren Bildungsstufe an das religiöse Gefühl in Anspruch nimmt, und nach oben
hin mit immer größerer Kraft auf die Gesinnung wirkt, erfordert
ebenfalls auf jeder Bildungsstufe ein geschlossenes Ganze, wobei
die beiden dazu gehörigen Klassen, wenn sie nicht zu zahlreich
sind, in einem Coetus vereinigt werden können. Wöchentlich
zwei Stunden, die eine des Donnerstags, die andere des Sonntags
sind für die katholischen Glaubensgenossen dazu gewidmet, und
wird jedesmal der Besuch der kirchlichen Feier, und eine daselbst
zu haltende Rede des für die Schule bestimmten Seelsorgers
entweder vorangehen oder darauf folgen. Für die protestantischen
Zöglinge ist darauf zu halten, daß auch für sie des Donnerstags
der Religionsunterricht von einem Pfarrer, womöglich in zwei
aufeinanderfolgenden Stunden, gegeben werde.

20) Die Teile des technischen Unterrichtes, die mit
einer allgemeinen Bildung in unmittelbarer Verbindung stehen,
und daher auch auf keiner allgemeinen Schule fehlen sollten,
sind: Kalligraphie, Zeichnen und Gesang. Außerdem machen
auch die körperlichen oder gymnastischen Übungen einen
sehr wesentlichen Teil der Erziehung aus, und sind als ein vorzüglich wichtiges Hilfsmittel zu einer Nationalerziehung zu benützen.
Es können diese, wo sich ein dazu geeigneter Lehrer befindet,
auf die freien Nachmittage verlegt, auch teilweise in einzelnen
freien Stunden vorgenommen werden. Die Kalligraphie muß auf
der untersten Bildungsstufe in vier wöchentlichen Lehrstunden
so weit gediehen sein, daß es auf der mittleren und oberen
keiner weiteren öffentlichen Unterweisung in derselben bedarf,
sondern nur höchstens einer außer den öffentlichen Lehrstunden
fallenden, und von den Schülern besonders zu bezahlenden Nach-
hilfe. — Das Zeichnen geht dagegen als öffentliche Unterweisung
in zwei bis drei wöchentlichen Lehrstunden durch alle Klassen
hindurch, so daß zwei und zwei zu einer Bildungsstufe gehörige
Klassen dabei vereinigt sein können. — Der Gesang, der hier
nach einer der neueren Methoden streng systematisch zu betreiben
ist, wird in den drei unteren Klassen eines Gymnasiums oder
in den drei oberen einer allgemeinen Stadtschule durch die vier
Natorpischen Elementarkurse hindurchgeführt. Dagegen bilden
die drei oberen Klassen eines Gymnasiums, wie die beiden oberen

Klassen eines Kollegiums eine allgemeine Singschule, welche für jedes Register schon hinreichend geübte und vorbereitete Stimmen aufzuweisen hat, die im stande sind, selbst größere und schwierigere Sachen mit Sicherheit auszuführen. Die Zeit des Gesangunterrichtes fällt außer den öffentlichen Lehrstunden, und es hat jede Abteilung wöchentlich drei Lektionen.

Im weiteren wird dann bei der großen Verschiedenheit der Lokal- und Personalverhältnisse der Rheinprovinz der Umfang der Lehrobjekte für jede Bildungsstufe bestimmt. Es heißt darin:

22) Zur Aufnahme in die unterste Bildungsstufe des fortschreitenden Unterrichts wird hinreichende Übung im zusammenhängenden richtigen Lesen, sowie im Schreiben des Deutschen, sowohl mit deutschen als lateinischen Charakteren, ein richtiges und fertiges Lesen einer Zahl von wenigstens vier Ziffern, und ein deutliches Schreiben der Zahlzeichen als durchaus notwendig erachtet. Ist in dem einen oder dem anderen Gegenstande schon etwas mehr gethan, so kann dies zu einer Versetzung in die nächstobere Klasse, insofern dadurch nicht die Bildungsstufe verändert wird, nur gerade für diese Gegenstände, nicht aber für alle Veranlassung geben. Für die Aufnahme in die untere Klasse ist es zu einem systematischen Unterricht im Lateinischen zu wünschen, daß der aufzunehmende Knabe noch gar keinen Unterricht in dieser Sprache genossen habe, daher dieser für die Schüler der Elementarschulen auch nicht einmal außer den öffentlichen Lehrstunden derselben geduldet werden darf.

23) Zum Übergange aus der unteren Bildungsstufe in die mittlere wird erfordert, daß a) in Hinsicht des Sprachunterrichtes die Formenlehre sowohl der deutschen als lateinischen Grammatik völlig beendet sei, auch eine Bekanntschaft mit den leichteren und gewöhnlicheren Wortfügungen der lateinischen und deutschen Sprache insoweit durchblicke, daß in der ersteren Sprache die Lesung leichter, abgerissener Sätze, in der letzteren ein mündlicher und schriftlicher Ausdruck ohne Provinzialismen und Sprachfehler keine Schwierigkeiten finde;

b) in Hinsicht des wissenschaftlichen Unterrichtes das ganze angewandte Rechnen, mit Inbegriff der ersten Elemente der Buchstabenrechnung und die geometrischen Elementarkenntnisse, beendet, eine Bekanntschaft mit den vorzüglichsten inländischen Naturprodukten, eine Totalanschauung der Erdoberfläche, sowohl ihrer physischen als politischen Einteilung nach und eine genauere Kenntnis des Vaterlandes, eine sichere Logik für die Geschichte, durch Kenntnis ihrer Hauptperioden und inneren Zusammenhang, eine Umsicht in der Geschichte des Vaterlandes und endlich ein Verständnis ausgewählter Stellen der heiligen Schrift mit einem dabei durchblickenden religiösen Gefühle gewonnen sei;

c) in Hinsicht der technischen Fertigkeiten aber die Handschrift zur Deutlichkeit und Schönheit, das Zeichnen zur Fertigkeit in der Entwerfung von allerlei Umrissen und regelmäßigen Figuren, der Gesang bis zur Beendigung der drei ersten Elementarkurse gediehen sei.

24) Aus der mittleren Bildungsstufe in die obere findet der Übergang nur dann statt, wenn a) in der deutschen und lateinischen Sprache die ganze Wortfügung beendet, die Bekanntschaft mit den leichteren lateinischen und den minderleichten deutschen klassischen Schriftstellern vertrauter, die deutschen Aufsätze zusammenhängender und fließender, die lateinischen Darstellungen von Sprachfehlern ganz frei geworden sind, auch dabei die griechische Formenlehre mit Ausschluß der seltenen Formen nebst einem bedeutenden Vorrat von Wörtern dem Gedächtnis fest eingeprägt erscheint;

b) wenn die ganze reine niedere Größenlehre mit Inbegriff der Gleichungen bis zum zweiten Grade inkl. im Zusammenhange begriffen, eine systematische Übersicht der drei Naturreiche und der Haupterscheinungen in der Körperwelt, wie auch eine genauere Kenntnis der einzelnen Völker und Staaten, nebst einer zusammenhängenden geschichtlichen Darstellung ihrer Hauptveränderungen und endlich eine vertrautere Bekanntschaft mit den Quellen der christlichen Religion gewonnen ist;

c) wenn im Zeichnen mehr Selbständigkeit, im Gesang völlige Sicherheit, in allen Elementarübungen sich sichtbar zeigt, wiewohl ein Mangel an technischen Fertigkeiten die sonst verdiente Beförderung zu einer höheren Bildungsstufe nicht hindern soll und deren Übung in besonderen Lektionen außer der Zeit des öffentlichen Unterrichtes von dem eigentlich wissenschaftlichen und Sprachunterricht unabhängig sind.

25) Der Übergang aus der höheren Bildungsstufe zur Universität wird bedingt: a) durch eine Fertigkeit und Sicherheit, sich in den beiden alten Sprachen so gut, wie in der Muttersprache, mit Beobachtung der Eigentümlichkeit einer jeden schriftlich und — etwa mit Ausnahme der griechischen — auch mündlich auszudrücken, welches dann ein Verständnis ihrer vorzüglichsten Klassiker ohne Vorbereitung — etwa die Tragiker ausgenommen — von selbst voraussetzt. Von dem künftigen Theologen wird überdies eine genaue Bekanntschaft mit der hebräischen Formenlehre gefordert;

b) durch eine Vertrautheit mit der Theorie der Gleichungen und Reihen im allgemeinen, mit den Appollonischen Kegelschnitten, mit den wichtigsten Lehrsätzen der angewandten Mathematik; durch eine allgemeine Übersicht der Physik, die als Grundlage für höhere Ansichten dienen kann, durch tiefere Blicke in die Erscheinungen der sittlichen Welt, wie sie die Gegenüberstellung alter und neuer Geschichte gewährt; durch eine tiefere Einsicht in das Wesen und die Lehren der christlichen Religion, und eine in allen Verhältnissen des Jünglings sich bewährende echt christliche Gesinnung.

In betreff der Aufstellung der Lektionspläne wird ein strenger Parallelismus der Lektionen durch alle Klassen für nicht notwendig, nicht einmal für wünschenswert erachtet, wohl aber für je zwei und zwei zu einer Bildungsstufe gehörige Klassen. Derselbe Lehrgegenstand wird für dieselbe Klasse, wo möglich, nur von einem Lehrer gelehrt; jedoch ist es übrigens zu wünschen, daß jeder Lehrer in mehreren Klassen unterrichte, und keiner der oberen und älteren Lehrer sich scheue, oder eine Zurücksetzung darin finde, wenn ihm auch in den unteren Klassen Lektionen übertragen werden. Gerade für diese Klassen sind die erfahrensten Lehrer, gerade für sie ist die gereifteste Methode notwendig. Für einen Lehrgegenstand, der nur einen geringen Umfang von Zeit erfordert, wird ein und derselbe Lehrer, wenn auch nicht in allen Klassen, doch in allen Bildungsstufen angestellt werden können.

Von dem Anstaltsleiter, in Verbindung mit dem Lehrerkollegium sollten spätestens sechs Wochen vor dem Schluß des
Schuljahres an die Direktion des öffentlichen Unterrichtes, künftig
an die mit dem Oberpräsidium verbundene obere Provinzial-
Schulbehörde diese Lektionspläne eingesandt und nach der Bestätigung jedem Kollegen zur Abschrift und genauen Befolgung
mitgeteilt werden. Zu dem Zwecke waren folgende Schemata
entworfen worden:

A. Verzeichnis der Lehrgegenstände nach der ihnen gewidmeten wöchentlichen Stundenzahl.

Ort: N. N.

Schule: Gymnasium (Kollegium u. s. w.).

Lehrgegenstände	I.	II.	III.	IV.	V.	VI.	Bemerkungen
Lateinisch	8	8	8	8	6	6	—
Griechisch	7	7	5	5	—	—	—
Deutsch	4	4	4	4	6	6	—
Mathematik	5	5	5	6	6	6	—
Naturbeschreibung . .	—	—	—	2	2	2	—
Naturlehre	2	2	2	—	—	—	—
Geographie . . . } Geschichte . . . . }	4	4	4	3	3	3	—
Religion	2×2		2×2		2×2		Donnerstags und Sonntags von 9—10 Uhr
Kalligraphie . . .	—	—	—	—	4	4	—
Zeichnen	—	—	2×2		3	4	—
Summa der öffentl. Lehrst.	32	32	32	32	32	33	

Außer der Zeit des öffentlichen Unterrichtes.

Hebräisch	2	2	—	—	—	—	Nichthebräer zeichnen
Gesang	2×2		3×3		3×3		—
Turnübungen	Unbestimmt						Donnerstags Nachm.
Zeichnen u. Kalligraphie	2×2		2×2		—	—	—
Neuere fremde Sprachen	Unbestimmt						—

Aus Schema B des allgemeinen Lektionsplanes für die einzelnen Anstalten möge der für I und VI hergestellt sein.

	Montag	Dienstag	Mittwoch	Freitag	Samstag
7—8	Mathematik. F.	Mathematik. F.	Mathematik. F.	Mathematik. F.	Mathematik. F.
8—9	Griechisch. Dicht. C.	Griechisch. Dicht. C.	Griechisch. Pros. C.	Griechisch. Schreib. C.	Griechisch. Pros. C.
9—10	Lateinisch. Pros. B.	Lateinisch. Stil. B.	Griechisch. Dicht. C.	Lateinisch. Stil. B.	Griechisch. Dicht. C.
10—11	Lateinisch. Dicht. B.	Lateinisch. Pros. B.	Lateinisch. Dicht. B.	Lateinisch. Pros. C.	Lateinisch. Dicht. B.
2—3	Deutsch. A.	Deutsch. A.	Naturlehre. F.	Deutsch. A.	Deutsch. A.
3—4	Geschichte. B.	Geschichte. B.		Geschichte. B.	Geschichte. B.

(Prima)

	Montag	Dienstag	Mittwoch	Freitag	Samstag
7—8	Lateinisch. E.	Lateinisch. E.	Lateinisch. E.	Lateinisch. E.	Lateinisch. E.
8—9	Deutsch. G.	Deutsch. G.	Deutsch G.	Deutsch. G.	Deutsch. G.
9—10	Mathematik. F.	Mathematik. F.	Mathematik. F.	Mathematik. F.	Mathematik. F.
10—11	Naturlehre. K.	Geographie. K.	Naturlehre. K.	Geographie. K.	Geschichte. K.
2—3	Mathematik. F.	Deutsch. G.	Kalligraphie. M.	Kalligraphie. M.	Kalligraphie. M.
3—4	Kalligraphie. M.	Zeichnen. L.	Zeichnen. L.	Zeichnen. L.	Lateinisch. E.

(Sexta)

Schema C enthielt den speziellen Lektionsplan für die einzelnen Klassen, um in einem jeden Felde das Pensum der Klasse und das Lehrbuch bemerken zu können; z. B.: Montag 7—8 Uhr (Winter 8—9 Uhr): Griechisch, Jacobs Elementarbuch, erster Kursus, Abschnitt X—XII und der ganze zweite Kursus. Mittwoch 2—3 Uhr Geschichte: Universalgeschichte mit Benutzung der Tabellen u. s. w. Deutsche Geschichte; der Lehrer benutzt

Schröcksh Geschichte der Deutschen zum Gebrauch katholischer Schulen.*)

Es folgen nun die Bestimmungen über die Hilfsmittel des Unterrichtes und der Methode. Für die Einrichtung einer Bibliothek, die Sammlung der nötigsten mathematischen und physikalischen Instrumente, eine Auswahl naturhistorischer Gegenstände u. s. w., auch für die Einrichtung eines Turnplatzes mit den dazu gehörigen Gerätschaften soll Sorge getragen werden. Die Wahl der Lehrbücher blieb dem Beschlusse der Schulkonferenz überlassen, welche jedoch die Bestätigung der oberen Schulbehörde erfordert. In betreff der Methode hat die an mehreren Schulen der rheinischen Provinzen gemachte Erfahrung zu den speziellen Bemerkungen Anlaß gegeben, daß der Unterschied zwischen der akademischen akroamatischen und der auf Schulen üblichen erotematischen Vortragsweise streng aufrecht zu erhalten ist. Der hin und wieder noch vorkommende prunkende akademische Lehrton mancher Schulprofessoren wird als durchaus unzweckmäßig verpönt; er verhalle an den leeren Wänden des Hörsaals. Eine häufige Wiederholung des Vorgetragenen nach kleineren und größeren Abschnitten wird für durchaus notwendig gehalten, und darüber werden für die Silentien und Wiederholungen am Ende der Woche, des Monates und Vierteljahres Vorschriften gegeben. Es folgen dann die Bestimmungen über die Prüfungen, zu denen auch die öffentlichen gehören, bei denen die Eltern und das für die Schule sich interessierende Publikum zugegen sein darf. Besonderes Gewicht wird auf die für solche öffentliche Prüfungen angefertigten Programme gelegt. In ihrer bisherigen Form erfüllen sie nicht allein nicht ihren Zweck, sondern wirken ihm geradezu entgegen. Indem sie nämlich die Gegenstände, über welche geprüft werden soll, sogar bis ins kleinste Detail verfolgen und darstellen, ja fast jede Frage, welche vorkommen wird, dem zu Prüfenden im voraus angeben, verwandeln sie die Prüfung in ein leeres Spiel, durch

---

*) In Schema A bedeutet das x die Vereinigung der Klassen. Es mag außerdem darauf aufmerksam gemacht werden, wie sehr die Anordnung der Reihenfolge der einzelnen Unterrichtsgegenstände in Schema A, sowie in Schema B, das Fehlen des Donnerstags als freier Schultag und die eigenartige Lage des Religionsunterrichtes von der heutigen Gestaltung des Unterrichtes verschieden ist.

welches weder der Wert der Schule, noch der Grad der Fortschritte bei den Schülern erkannt werden kann. Der Zweck der
Schulprogramme ist ein dreifacher: entweder soll darin irgend
eine Materie aus dem Felde der Gelehrsamkeit, jedoch von geringem Umfange, auf eine gelehrte Weise durchgeführt werden,
oder es soll das Programm einen pädagogischen Gegenstand, mit
Beziehung auf Lokalverhältnisse, öffentlich zur Sprache bringen;
und namentlich den Eltern die Mitwirkung zur Erziehung ihrer
Kinder mit Ernst und Wärme ans Herz legen; oder es soll über
den Zustand der Schule, über ihre Vor- und Rückschritte im allgemeinen sowohl, als besonders über alles, was sie in dem ver-
flossenen Schuljahr geleistet hat, dem Publikum Rechenschaft
ablegen. Die gewöhnlich lateinischen Programme der ersteren Art
hat man oft für Schulfüchserei erklärt; allein sie haben ihren
sehr grofsen Nutzen gehabt, und manche gründlich gelehrte Ab-
handlung wäre ohne sie nicht geschrieben worden. Es ist zu
wünschen, dafs sie auch auf den hiesigen Gymnasien eingeführt
werden, ohne jedoch den beiden letzten Zwecken, die allerdings
die wichtigsten sind, hinderlich zu sein. Wenigstens müssen in
den Programmen alle drei Zwecke miteinander abwechseln, insofern
nicht zwei derselben können vereinigt sein. Die Angabe der bei den
Prüfungen aufzustellenden Fragen wird hiermit streng untersagt."
     Der folgende Abschnitt enthält die Bestimmungen über die
Versetzungen; für den Übergang zur Universität wird auf die
Ordnung des Abiturientenexamens vom 12. Juni 1812 hingewiesen.
In durchaus vernünftiger Weise wird dabei der „zum Teil unvoll-
ständigen, zum Teil ungleichförmigen Bildung, worin die jetzigen
oberen Klassen unserer Gymnasien sich noch befinden" Rechnung
getragen. Wenn hier der Übergang aus der alten Oberflächlich-
keit und Einseitigkeit in die neue Gründlichkeit und Vielseitig-
keit sich nicht durch einen Zauberspruch hervorrufen liefse, so
sei doch wenigstens von unten herauf mit allem Ernst und Nach-
druck dahin zu wirken, dafs die neue Generation, die ihre Bildung auf diesen Anstalten beginne, dem Umfange wie dem Inhalte nach in sich aufnehme, was die Schule gäbe und nach den
neuen Grundsätzen geben müsse.
     In betreff der Disziplin wird bestimmt, dafs die bestehen-
den Disziplinarordnungen revidiert, und wo sie noch nicht be-

ständen, binnen Jahresfrist neue entworfen und der Provinzial-
behörde zur Bestätigung vorgelegt werden sollten. Monatliche
Konferenzen der Lehrer, Anlegung von Klassenjournalen und Erteilung vierteljährlicher schriftlicher Zeugnisse an die Schüler
werden vorgeschrieben. Dem französischen Unwesen der Ehren-
und Schandzeichen, sowie der Preisverteilungen von Büchern wird
ein Ende gemacht. „Die silbernen Kettchen und Sternchen, die
noch als ein Überbleibsel der französischen Vorbildungsperiode
hie und da in den Knopflöchern oder auf der Brust der Schüler
prangen, sollen in unseren Schulen der Vergessenheit übergeben
werden. Möchte es ebenso leicht sein, die Spuren, welche sie
im Innern zurückgelassen haben, zu vertilgen! Die jährlichen
Preisverteilungen an Büchern sollen an sich nicht untersagt werden, aber sie dürfen nicht in der durch den Geist der vorigen
französischen Regierung ihnen gegebenen Form weiter bestehen.
Sie finden daher nicht an besonderen Tagen und unter besonderen Feierlichkeiten statt, sondern werden mit den öffentlichen
Prüfungen verbunden. Preise für einzelne Lektionen, durch
welche nur jene elende, von uns verbannte Einseitigkeit der
älteren Schuleinrichtung absichtlich befördert wurde, finden nicht
weiter statt; ebenso wie auch nicht das Talent allein, sondern der
durch anhaltenden Fleiß bedingte Erfolg belohnt werden darf.“
    Der letzte Abschnitt der Bestimmungen enthält die Neuord-
nung der Schulferien. An einem Gymnasium fällt mit dem
Ende eines jeden Semesters, welches überall in die Zeit von
Ostern und Michaelis zu verlegen ist, eine Unterbrechung des
Unterrichtes zusammen, deren Dauer zu Ostern auf acht Tage,
zu Michaelis aber darum auf längere Zeit auszudehnen ist, weil
die in den Monat Oktober fallende Weinlese, in den meisten
Schulen dieser Provinzen eine Verlegung der in anderen Gegenden gewöhnlichen Hundstagsferien in diese Zeit notwendig macht.
Es werden daher die Michaelisferien, vor deren Anfang zugleich
die öffentliche Prüfung fällt, auf die Dauer von vier Wochen bestimmt, und kann dazu in den nördlichen Provinzen der halbe
September und Oktober, in den südlichen der ganze Oktober
genommen werden. Außer diesen Hauptferien werden nur zur
Weihnachtszeit zehn Tage, in welche immer der Neujahrstag zu
begreifen ist, frei gegeben, zu Pfingsten nur die beiden eigent-

lichen Feiertage, aufserdem die gröfseren in dem Konkordat beibehaltenen religiösen Festtage der Katholiken, wozu die Fast-
nachtstage nebst dem Aschermittwoch, der Allerheiligentag u. s. w.
zu rechnen sind. Endlich sind folgende vier Tage: der 28. Januar,
als der Festtag Karls des Grofsen — der 15. Mai, als Huldigungs-
tag dieser Provinzen, wodurch sie auf immer wieder mit einem
deutschen Staate vereinigt wurden — der 3. August, als der Ge-
burtstag des Königs — der 18. Oktober als Feiertag des Sieges
bei Leipzig, als deutsche und vaterländische Festtage von dem
eigentlichen Unterrichte frei, werden aber vorzüglich für die
oberen Klassen zu höheren Anregungen benutzt, indem sowohl
von Lehrern als Schülern deutsche Reden, aus deutschem Herzen
gesprochen, diese Tage verherrlichen. An einer höheren Stadtschule sind die Osterferien auf fünf Tage, die Michaelisferien auf
drei Wochen beschränkt; die übrigen bleiben denen des Gymnasiums gleich. Ob die vier zuletzt genannten Tage auch hier zu
Redeübungen benutzt werden können, bleibt der Beurteilung der
Schulkommissionen und Rektoren überlassen. An einer niederen
allgemeinen Stadtschule sind zu Ostern fünf Tage, vom grünen
Donnerstag an gerechnet, zu Michaelis vierzehn Tage Ferien,
zwischen Weihnachten und Neujahr fallen drei bis vier Schul-
tage, die religiösen Festtage werden gefeiert, von den übrigen
oben genannten Tagen ist nur der 3. August ein Spieltag."

Dennoch blieb trotz dieser Bestimmungen der Lehrplan der
einzelnen reorganisierten oder neugegründeten Anstalten noch
recht bunt. In Aachen gestaltete er sich 1815/16 folgendermafsen:

	I.	II.	III.	IV.	V.	VI.
Religion	2	2	2	2	2	2
Griechisch	6	6	5	5	—	—
Lateinisch	8	8	8	8	6	6
Deutsch	4	4	4	4	5	5
Math. Rechnen . . .	5	5	4	4	5	5
Gesch. Geographie . .	3	3	3	3	3	3
Naturwissenschaften . .	2	2	2	2	2	2
Gesang		2		2	2	2
Schreiben	—	—	—	—	4	4
Zeichnen		2		2	3	3
Seit 1817/18 Französisch	—	—	3	3	3	3
	34	34	35	35	35	35

Hierbei fanden noch mancherlei Kombinationen von Klassen statt, wie denn im Religionsunterricht I und II, III und IV, V und VI, in den Naturwissenschaften I, II und III zusammengelegt wurden. In Bonn bequemte man sich wohl äußerlich der Instruktion an, indem man die alte Bezeichnung der Klassen änderte und die seitdem üblichen Namen Prima u. s. w. einführte, aber im Lehrplane blieb die frühere Planlosigkeit. Das Lateinische hatte in VI 7, in V 6, in IV 8, in III wieder 7, in der vereinigten II und I 9 Stunden. Für das Griechische blieb die frühere Stundenzahl, doch wurden die Primaner neben den 5 Stunden, in denen sie mit den Sekundanern gemeinsam unterrichtet wurden, noch in 3 besonderen Stunden mit Homer bekannt gemacht. Für Geschichte und Geographie waren in V und III 2, in den anderen Klassen 3 Stunden angesetzt. Die Quartaner hatten 3, die Tertianer 5, die Quintaner, Sekundaner und Primaner 2 Zeichenstunden. Gesang wurde nur in V und IV gelehrt, auch hatten diese beiden Klassen merkwürdigerweise den französischen Unterricht in 2 Stunden beibehalten. Religionsunterricht wurde in II und I nicht gegeben. Für 1816/17 wurde dann der Lehrplan nach folgender Übersicht festgestellt:

	I.	II.	III.	IV.	V.	VI.
Lateinisch	9	9	8	8	6	6
Griechisch	7	7	5	5	—	—
Deutsch	3	3	3	3	4	4
Religion	2		2		2	
Mathem. Rechnen . .	5	5	5	5	5	5
Naturlehre	2		2	—	—	—
Naturbeschreibung . .	—	—	—	2	2	2
Geographie, Geschichte	4	4	5	5	5	5
Schönschreiben . . .	—	—	—	—	5	5
Zeichnen	—	—	2		3	3
	32	32	32	32	32	32

Die Gesangsübungen, für die in den beiden unteren Klassen wöchentlich drei, für die übrigen zwei Stunden angesetzt waren, fielen nicht in den Rahmen der gewöhnlichen Unterrichtszeit, ebensowenig wie die Turnstunden. Die französische Sprache sollte höchstens im Privatunterricht gelehrt werden. Der Religionsunterricht sollte an den Sonntagen und Donnerstagen gegeben, auch sollten die katholischen Schüler an diesen Tagen zur Messe geführt werden. Doch da die Lehrkräfte nicht ausreichten, um diesen Plan zu verwirklichen, so mußten II und I wieder in allen Fächern mit Ausnahme der Mathematik verbunden werden. Im Griechischen hatten auch IV und III gemeinsamen Unterricht.

Für Coblenz entwarf Schulze den Lehrplan, in welchem er seiner Richtung nach den klassischen Sprachen den Hauptanteil gab. Demnach wurden gegeben in:

	I.	II.	III.	IV.	V.	VI.
Deutsch	2	2	4	4	6	7
Lateinisch	12	13	9	8	6	6
Griechisch	9	8	6	5	2	—
Mathematik . . .	4	4	4	4	4	4
Geograph. Geschichte	2	2	3	4	4	5
Naturgeschichte (in II und I Physik) . .	1	1	1	1	—	—
Kalligraphie . . .	—	—	1	2	4	4
Zeichnen	2	2	2	2	2	2
Singen	—	2	2	2	2	2
Religion	2	2	2	2	2	2
	34	36	34	34	32	32

Stunden. In den beiden obersten Klassen waren je zwölf Stunden für Latein und acht für Griechisch bestimmt, außerdem in II eine für eine gedrängte Übersicht der römischen Litteratur und Altertümer und in I eine für eine gedrängte Übersicht der griechischen Litteratur und Altertümer. Hebräisch sollte nur dann in I und II in zwei wöchentlichen außerordentlichen Stunden gelehrt werden, wenn Mitglieder sich fänden, die sich der Theologie widmen wollten. Für Französisch war nicht gesorgt.

In Köln gestaltete sich der Lehrplan für 1815/16 folgendermaßen:

	I.	II.	III.	IV.
Griechisch	7	7	5	5
Lateinisch	5	5	8	8
Hilfswissenschaften	3	3	2	2
Mathematik	5	5	5	5
Geschichte	2	2	4	4
Alte Geographie	—	—	—	2
Naturwissenschaften	6	6	—	—
Geschichte der Philosophie	2	2	—	—
Allgemeine Sprachwissenschaft	—	—	6	4
Religionslehre	2	2	2	2
	32	32	32	32

In Trier ist in den Programmen von 1816 und 1817 die Stundenzahl der einzelnen Unterrichtsfächer nicht angegeben; es wird noch Französisch gelehrt, aufserdem finden sich Vorschriften über Stil, Ästhetik und philosophische Disziplinen und schöne Künste. 1818 ist der Lehrplan dann folgender:

	I.	II.	III.	IV.	V.	VI.
Griechisch	8	7	5	6	1	—
Lateinisch	8	8	8	8	6	6
Deutsch	4	4	4	4	6	6
Mathem. Rechnen	4	6	6	4	5	4
Weltgeschichte. Geographie	3	3	3	3	2	2
Naturbeschreibung	—	—	—	—	2	2
Kalligraphie	—	—	—	—	2	4
	27	28	26	25	24	24

Die für I ohne Stundenzahl angegebene Physik wird wohl in den vier Stunden der Mathematik mit einbegriffen gewesen sein, auch für die Religion ist keine besondere Stundenzahl bestimmt. Das Französische ist verschwunden.

Noch wunderlicher war der Lehrplan der kleineren, erst in der Bildung zum Gymnasium begriffenen Anstalten, wo noch viel mehr der Mangel an Lehrkräften hervortrat. So wurde z. B. in Cleve das Gymnasium mit 55 Schülern und einem einzigen Lehrer, den Rektor Kroeltsch, eröffnet, welcher die nach Alter und Kenntnissen völlig verschiedenen Knaben und Jüng-

linge in Klassen einteilte und nun mit einem Teile derselben
deklinierte und konjugierte, mit einem anderen ein lateinisches
Lehrbuch vornahm, einem dritten den Ovid erklärte, mit dem
vierten den Horaz las und noch obendrein auch das Griechische
trieb, des Wissenschaftlichen nicht einmal zu gedenken. Erst
allmählich gelang es durch Gewinnung guter Lehrkräfte einen
einigermaßen erträglichen Lehrplan aufzustellen, wobei dann
noch immer einige Klassen fast in allen Fächern kombiniert
werden mußten, und der Religionsunterricht ganz ausfiel. Auch
der vor der Berufung von Koelsch zur Wiederherstellung des
ehemaligen Gymnasiums in Cleve eingereichte Lehrplan war
ganz eigenartig gewesen: er bestimmte, daß das Gymnasium mit
der gelehrten Schule, den drei oberen Klassen — eine
höhere Bürgerschule vereinigen sollte. Außer den Sprachen
und Wissenschaften sollten auch für Logik, Antiquitäten
und Mythologie, Religionslehre und Moral besondere
Stunden angesetzt werden; auch gehöre die Logik als Anleitung
des menschlichen Verstandes zum richtigen Denken schon in
die unteren Klassen und dürfe unter den Namen „Verstandes-
übungen" darin nicht fehlen, es gäbe auch eine „populäre Logik".
An der allgemeinen Stadtschule in Eupen genossen die beiden
Klassen wöchentlich je 40 bezw. 41 Unterrichtsstunden; davon
waren zwei für die Religionslehre, acht für Deutsch, sechs für
Latein, fünf für Französisch, eine für Geschichte, zwei für Geographie, sechs für Mathematik, zwei für Naturbeschreibung, drei
für Zeichnen, vier für Schönschreiben, zwei für den Gesang bestimmt; und dabei waren noch der naturwissenschaftliche und
der Gesangsunterricht in Abweichung von der maßgeblichen Verfügung der Regierung um je zwei bezw. eine Stunde gekürzt.
Was würde man heute zu einer derartigen, den Schülern aufge-
legten Arbeitslast sagen. In Wetzlar war in der nur noch aus
zwei Klassen bestehenden Schule der Unterricht so verteilt, daß
in der ersten Klasse der Religion zwei, dem Latein vierzehn,
dem Griechischen zwei, dem Deutschen zwei, der Naturkunde
zwei, der Mathematik zwei und dem Schreiben zwei Stunden zu-
fielen, in der zweiten Klasse waren für die Religion zwei, Latein
zehn, Griechisch drei, Deutsch vier, Geschichte zwei, Geographie
zwei, Rechnen vier und Schreiben drei Stunden bestimmt. Der

Unterricht im Französischen, in der Philosophie und Altertums-
kunde war fortgefallen. Als dann Schulze die Schule neu ein-
richtete, wurden als Lehrgegenstände aufgenommen: Deutsch,
Lateinisch, Griechisch, Religion, Geschichte, Geographie, Mathematik, Naturlehre, Philosophie, Zeichnen, Singen, Schönschreiben
und Turnen. Das Französische blieb dem Privatunterricht überlassen. In den untersten Klassen überwog der Unterricht in der
deutschen Sprache (IV 6, III 4, II 4, I 5 Stunden und 2 Stunden
Philosophie), doch wurde das Lateinische in der untersten Klasse
angefangen (IV 6, III 9, II 10, I 10 Stunden). Der griechische
Unterricht begann in der dritten Klasse mit 6 Stunden. Mathematik wurde durch alle Klassen in vier Stunden gelehrt. Diese
Beispiele so völlig verschiedener Lehrpläne der einzelnen Anstalten, welche sich noch ganz bedeutend vermehren ließen,
werden genügen, um einen Einblick in die schwierige Aufgabe
zu gestatten, welche die Unterrichtsverwaltung in der Einrichtung
des rheinischen Schulwesens zu erfüllen hatte. 1834 wurde ein
allgemeiner Lehrplan für die Rheinprovinz bekannt gemacht,
der aber schon durch Verfügung vom 24. Oktober 1837 durch
den für alle Gymnasien des preußischen Staates gleichmäßig
verbindlichen Lehrplan ersetzt wurde. Die Gegenüberstellung
derselben zeigt eine nicht unerhebliche Verschiedenheit:

	1834.						**1837.**					
	I.	II.	III.	IV.	V.	VI.	I.	II.	III.	IV.	V.	VI.
Lateinisch	8	8	8	8	10	10	8	10	10	10	10	10
Griechisch	6	6	6	6	—	—	6	6	6	6	—	—
Deutsch	2	3	3	3	4	4	2	2	2	2	4	4
Französisch	2	2	2	2	—	—	2	2	2	—	—	—
Religionslehre	2	2	2	2	2	2	2	2	2	2	2	2
Mathematik	4	4	4	4	—	—	4	4	3	3	—	—
Rechnen (und geometrische Anschauungslehre: 1837)	—	—	—	—	4	4	—	—	—	—	4	4
Physik	2	2	—	—	—	—	2	1	—	—	—	—
Philos. Propädeutik . . .	1	1	—	—	—	—	2	—	—	—	—	—
Geschichte und Geographie	3	3	3	3	2	2	2	3	3	2	3	3
Naturbeschreibung	—	—	2	2	2	—	—	—	2	2	2	2
Zeichnen	2		2		2	—	—	—		2	2	2
Schönschreiben	—	—	—	—	4	4	—	—	—	1	3	3
Gesang	2		2		2		—	—	2	2	2	2
	34	34	34	34	32	30	30	30	32	32	32	32
Hebräisch (f. d. künft. Theol.)	2	2	—	—	—	—	2	2	—	—	—	—

Seit 1818 war der früher freie Donnerstag als Unterrichtstag bestimmt worden: es wurde daher an allen Wochentagen unterrichtet, dafür aber Mittwoch und Samstag nachmittags freigegeben. Obwohl aber durch die Vereinigung der beiden Konsistorien in Coblenz und Köln zu dem Provinzial-Schulkollegium in Coblenz, durch den Erlafs des Reglements über die Abiturientenprüfung vom Jahre 1834, und die Verfügung von 1837 eine einheitliche Gestaltung des Unterrichtes möglich geworden war, blieb doch an den einzelnen Anstalten der Provinz ein Schwanken bestehen, namentlich in der Ansetzung der Stundenzahl, welches erst durch die Normallehrpläne von 1856 und 1882 völlig beseitigt wurde. So haben einzelne Gymnasien im Lateinischen statt der vom Lehrplan 1837 vorgeschriebenen 8 Stunden in I 9, im Griechischen 7 statt 6, im Deutschen und der Geschichte 3 statt 2, die philosophische Propädeutik erscheint auch noch in II, in der Mathematik in III stehen 5 statt 3 Stunden verzeichnet, im Lateinischen in den unteren Klassen 8 statt 10. Die weitere Entwickelung des Gesamtunterrichtes gehört nicht in den Rahmen der speziellen Geschichte der höheren Schulen der Rheinprovinz, sie fällt mit der des ganzen Staates zusammen, wo die Jahre 1837, 1856, 1882 und 1890 die grofsen Marksteine bilden.

Nicht weniger eigenartig als die Anordnung des Lehrplanes waren die Forderungen, welche die einzelnen höheren Schulen für das zu erreichende Schulziel stellten. Trotz der äufserst beschränkten Verhältnisse, welche durch das mangelhafte Lehrpersonal wie durch die fast überall fehlenden materiellen Mittel hervorgerufen wurden, fuhren so manche, namentlich aus den alten Klosterschulen hervorgegangene Anstalten fort, nach dem früheren System zu unterrichten und die ihnen durch die Instruktionen gesteckten Grenzen weit zu überschreiten. So mufste bei dem Gymnasium in Wesel noch 1818 die Regierung mahnen, Logik, Naturrecht und römische Jurisprudenz aus dem Lehrplan zu entfernen, und dagegen mehr Kraft und Zeit auf das grammatische Studium der alten Sprachen und auf einen streng wissenschaftlichen Vortrag der Mathematik zu richten. Cicero, Livius, Vergil und Horaz seien einer wirklichen Prima angemessen, die Lesung ausgewählter Abschnitte aus 25 anderen Schriftstellern ganz verwerflich. Wie im Griechischen bei zwei

Stunden in I und bei einer Stunde in II Platos Dialoge gelesen
werden könnten, sei unerfindlich. Aufserdem wurde sehr gerügt,
dafs das streng durchgeführte Klassensystem jeden Lehrer isoliert hinstelle. An anderen Schulen wurden in den oberen
Klassen aufser den heute üblichen Schriftstellern noch Äschy-
lus, Euripides, Terenz, ja sogar Plautus Trinummus und Captivi
gelesen, der Privatlektüre wurde ein reichliches Mafs aus lateinischen Schriftstellern wie Seneca und Quintilian, aus griechischen
wie Isocrates, Demosthenes, Plato und Lucian überlassen. In
Trier hat man noch Aristophanes und Pindar in die Schul-
lektüre hineingezogen. An manchen Anstalten kam auch fakultativer Unterricht im Englischen und Italienischen hinzu. Gegen
diese über die Grenzen der Schule viel zu weit hinausgehende
Lektüre der griechischen Schriftsteller richtete sich besonders
die vom Rheinlande ausgehende heftige Opposition, welche Dispensation vom griechischen Unterrichte verlangte, über deren
Verlauf schon oben S. 28 ff. berichtet worden ist. Eine nur den
beiden westlichen Provinzen Rheinland und Westfalen eigentümliche Einrichtung wurde im Jahre 1829 vom Provinzial-
Schulkollegium in Coblenz von der Regierung gewünscht, und so
durch Verfügung des Ministeriums vom 29. Mai d. J. befohlen,
dafs auch in der Religionslehre eine schriftliche Abiturientenprüfung stattfinde.

Es dürfte nicht uninteressant sein, an dieser Stelle die nunmehr in Vergessenheit geratenen Verfügungen der Schulbehörden
wieder in Erinnerung zu bringen, da sie zugleich auch ein Licht
auf das Verhältnis der Schule zur Kirche werfen. So heifst es
in der Verfügung vom 29. Mai 1829: „Die Religions-Prüfung ist
nach Verschiedenheit des kirchlichen Bekenntnisses verschieden.
Zu den Religions-Prüfungen der katholischen Schüler ernennt der
Diöcesanbischof, zu denen der evangelischen Schüler aber das
Konsistorium, einen geistlichen Kommissar, wo möglich aus der
Ortsgeistlichkeit." — Die Geprüften werden in drei Klassen geteilt, und das Ergebnis der Prüfung wird hiernach in den Ab-
gangszeugnissen ungefähr auf folgende Weise bemerkt: „In den
Wahrheiten des Christentums und in den Lehren seiner Kirche
hat Abiturient 1) sehr gute, 2) hinreichende, 3) nur mittel-
mäfsige Kenntnisse an den Tag gelegt." Wer in der Religions-

Prüfung nur die dritte Klasse erhalten hat, kann, wie gut er
auch in der wissenschaftlichen Prüfung bestanden haben mag,
niemals No. 1; sondern höchstens nur No. 2 des Abgangszeug-
nisses bekommen. Wenn ein solcher Abiturient sich der Philologie zu widmen gedenkt, so muß er ermahnt werden, seine
Religionskenntnisse besser auszubilden, und es ist ihm dabei
bemerklich zu machen, daß er bei der künftig ihm bevorstehenden Amtsprüfung auch darüber werde examiniert werden.

Auch in dem Abiturientenprüfungs-Reglement vom Jahre 1834
wurde der Religionsaufsatz, wie diese schriftliche Prüfung später
genannt wurde, beibehalten, aber nach dem Wunsche des rheinischen Provinzial-Schulkollegiums im Jahre 1835 bestimmt,
„daß die in der Religionslehre angefertigten schriftlichen Arbeiten
der katholischen Abiturienten und der passus concernens aus
dem Protokolle der mündlichen Prüfung der bischöflichen Behörde und dem dortigen Konsistorium mitgeteilt werde. Dagegen
hält das Ministerium die Zuziehung eines geistlichen Kommissars
zu den Abiturienten-Prüfungen für entbehrlich, da den geistlichen
Behörden unverwehrt ist, sich von dem Religionsunterrichte in
den Gymnasien auf eine zweckmäßigere Weise, und zwar durch
Absendung eines Kommissars, welcher an dem Religionsunterrichte in allen Klassen Teil nimmt, nähere Kenntnis zu verschaffen. Eine solche, dann und wann zu veranlassende Revision
des Religionsunterrichtes, resp. durch ein Mitglied des Königl.
Konsistoriums, oder durch einen Kommissar der bischöflichen
Behörde kann nur von den wohlthätigsten Folgen sein, und
wird insbesondere der bischöflichen Behörde eine viel genauere
Kenntnis von der Art und Weise, wie der Religionsunterricht
erteilt wird, verschaffen, als es durch die bloße Teilnahme eines
Commissarii perpetui an der Abiturientenprüfung geschehen kann.“
Erst nach sehr energischen Kämpfen der rheinischen Lehrerwelt
wurde diese von ihr durchaus nicht beliebte Bevorzugung vor den
anderen Provinzen im Jahre 1882 durch die neuen Lehrpläne still-
schweigend wieder aufgehoben. Von nicht geringem Einfluß
darauf waren die Beratungen der sogenannten Osterdienstag-
versammlung rheinischer Schulmänner, besonders die des Jahres
1881 gewesen, in denen namentlich Dir. Jäger und der jetzige
Direktor des Gymnasiums in Norden Hermann, und vor allem der

damalige Direktor, jetzige Provinzial-Schulrat Geh. Regierungsrat
Münch diesen Religionsaufsatz als eine Neuerung gekennzeichnet
hatten, welche, soweit es die evangelische Kirche anginge, mit
der Presbyterialordnung eingeführt worden sei, um aus den
höheren Schulen Leute hervorgehen zu lassen, welche später
als Presbyter u. s. w. für religiöse Dinge ein warmes Interesse
und tieferes Verständnis bewahren würden. Ein Abiturient könne
sich nicht selbständig über religiöse Gegenstände äufsern, der
Lehrer stehe bei der Wahl der Themata meistens mit voller
Ratlosigkeit da, namentlich der evangelische; die katholischen
liefsen nur reproduzieren. Es wird schwerlich heute noch einen
Lehrer geben, welcher die Einrichtung dieses Religionsaufsatzes
wieder aufleben lassen möchte.

Von der grofsen Bedeutung, welche mit Recht in der Gegenwart dem Turnen beigelegt wird, finden sich in den Programmen der rheinischen höheren Schulen nur hier und da Spuren.
Obgleich die Instruktionen Sacks die gymnastischen Übungen
(siehe oben S. 63) als einen sehr wesentlichen Teil der Erziehung und als ein vorzügliches Hilfsmittel zu einer Nationalerziehung warm empfohlen hatten, geschah doch nur äufserst
wenig, um diesen Forderungen nachzukommen. Man darf dabei
aber nicht vergessen, dafs die Rheinprovinz sich allmählich erst
in die neuen Verhältnisse hineingewöhnen mufste, und dafs die
Eltern besonders auf dem Gebiete der Schule den preufsischen
Einrichtungen mit grofsem Mifstrauen entgegentraten. Obgleich
bei dem Versuche, das Turnen als öffentlichen Lehrgegenstand
zu bezeichnen, wie es 1818 durch Schulze in den Verfügungen des
Coblenzer Konsistoriums geschah, ausdrücklich erklärt wurde,
dafs die Gymnasiasten keineswegs gegen ihren Willen und die
Absicht ihrer Eltern zur Teilnahme an demselben gezwungen
werden sollten. Dazu fehlten vor allen Dingen auch die Lehrer,
man mufste sich, wo man Turnunterricht erteilen wollte, mit
allen möglichen Kräften behelfen; so wirkte in Köln ein Regie-
rungsreferendar, und in Bonn ein Student der Rechtswissen-
schaft, 1819 wurde nach dem Attentate Sands das Turnen gesperrt und erst 1837 die Wiederaufnahme von Leibesübungen
sehr vorsichtig gestattet, bis dann 1842 die Gymnastik ausdrücklich als ein notwendiger und unentbehrlicher Bestandteil der

männlichen Erziehung förmlich anerkannt und vom Ministeriu
befohlen wurde, an den öffentlichen Lehranstalten unter Aufsic¹
der Direktoren körperliche Übungen in gehöriger Vollständigk,
aber mit der durch den Zweck bedingten Einfachheit einzurichten. Die Einfachheit allerdings blieb, aber mit der gehörigen
Vollständigkeit hat es an den rheinischen höheren Schulen bis
in das letzte Jahrzehnt noch recht trübe ausgesehen. Es fehlten
wiederum die Mittel zu der Einrichtung von Turnplätzen und
Turnhallen, zur Anschaffung von Geräten, es fehlten vor allen
Dingen tüchtige, geschulte Turnlehrer; denn erst sehr spät,
Ende der siebziger und Anfang der achtziger Jahre, lassen sich
wissenschaftliche Lehrer in Berlin an der Zentralturnanstalt, der
späteren Turnlehrerbildungsanstalt zu Turnlehrern ausbilden, bis
dahin sind es, abgesehen von einigen Anstalten, die so glücklich
waren, in der Zahl der wissenschaftlichen Lehrer tüchtige Kräfte
zu finden, Elementarlehrer, Leiter von Turnvereinen, der Uni-
versitätsfechtlehrer von Bonn, Feldwebel, Unteroffiziere, welche
diesen Unterricht versahen; auch ein Regierungssekretär, ein
Rendant, ein Kaufmann, der in seinem Geschäft kein Glück gehabt hat, findet sich als Turnlehrer in den Programmen verzeichnet.

Wenngleich die wichtige Frage des Klassen- und Fach-
systems an den höheren Schulen in das Gebiet der allgemeinen
Geschichte der Entwickelung derselben hineingehört, so hat doch
auch hier die Rheinprovinz einen nicht unwesentlichen Einfluß
auf die Lösung derselben ausgeübt. 1824 erließ das Kölner
Konsistorium mit höherer Ermächtigung eine ausführliche Instruktion für Klassenordinarien, durch welche die Anordnung
von solchen in allen Gymnasien und höheren Stadtschulen von
mehr als drei gesonderten Klassen eingeführt wurde. Dagegen
erklärten sich die meisten Direktoren der Rheinprovinz gegen
die nach dem Muster der von Meineke in Danzig getroffenen
Einrichtung, nach welcher die Schüler der drei oberen Klassen
angehalten wurden, griechische und lateinische Klassiker für sich
privatim nach einem festen Plane unter Aufsicht der Klassenordinarien zu lesen.

Es ist schon oben S. 20 bemerkt worden, daß von dem
noch nicht vollberechtigten Gymnasium in Elberfeld Schüler zur

*nist*iversität entlassen wurden, welche sich erst dort noch einer *Aus*eziellen Prüfung unterwerfen mußten, um die Reife zur *digb*universität zu erhalten. Da dies auch von anderen Anstalten geschah, und es mit den Prüflingen meist recht schlecht
bestellt war, so führte die in Bonn 1818 eingesetzte Prüfungs-
kommission bittere Klage darüber, daß im ersten Jahre 1 ein
Zeugnis nr. II und 15 nr. III, im zweiten 5 nr. I, 11 nr.
II und 87 nr. III, im dritten 8 nr. II und 88 nr. III, im
vierten 19 nr. II und 99 nr. III erhalten hätten. Wie es bei
diesen Prüfungen herging, erzählt in ergötzlicher Weise Hengsten-
berg, welcher 1819 in Bonn dieselbe mit nr. II bestand. Nachdem alle Prüflinge, damals 60, zusammen die schriftlichen Aufsätze ausgearbeitet hatten, wurden sie in kleinen Abteilungen
von 10—15 vorgenommen. „Unsere waren 11", so erzählt er,
„sämtlich Theologen, 6 katholische und 5 protestantische. Nie
habe ich geglaubt, daß einer mit so wenigen Kenntnissen, wie
diese Menschen meist waren, es wagen könne, zur Universität
zu gehen. Es wurden solche Absurditäten vorgebracht, daß ich
mich nicht enthalten konnte, mehrere Male laut zu lachen. So
übersetzte einer: miles a statione venit: ‚Ein Kerl kam von der
Briefpost.‘ Und ein Anderer gab den Satz: ‚Der Rhein ist ein
Hauptfluß Deutschlands‘ durch einen Blick in das unter dem
Tisch gehaltene Wörterbuch übel beraten, lateinisch wieder:
‚Rhenus est catarrhus Germaniae.‘" Das Kölner Konsistorium
erkannte diese Übelstände vollkommen an und lieferte den Beweis, daß 1822 von 35 Abiturienten, die bei den Gymnasien
der Regierungsbezirke Köln und Düsseldorf geprüft waren,
2 ein Zeugnis nr. I, 31 nr. II und 2 nr. III, dagegen von
den 139 Jünglingen, welche in demselben Jahre in Bonn von
der Prüfungskommission geprüft wurden, 1 nr. I, 16 nr. II
und 122 nr. III erhalten hatten. 1823 bat die Bonner katho-
lisch-theologische Fakultät um eine Abwehr des Zulaufs unwis-
sender Kandidaten. Hauptsächlich diese Klagen aus der Rheinprovinz, welche allerdings auch in den anderen Provinzen, aber
doch nicht in so starkem Maße erhoben wurden, haben 1834
zu dem neuen Reglement über die Abiturientenprüfung geführt,
welches dann auch hier den notwendigen Wandel zum Besseren
schaffte.

Er ist oben S. 24 von der Gründung des geistlichen Privat
gymnasiums zu Gaesdonk und dem Versuche der Stiftung des
gleichen evangelischen-christlichen Gymnasiums gesprochen worden. Beide sind durch den Gedanken hervorgerufen worden,
welcher heute in den Kreisen, welche am allerwenigsten ein
wahres Verständnis von dem inneren Leben der höheren Schulen
haben, wieder so gern in den Vordergrund geschoben wird, daß
die Schule nicht nur eine Lehranstalt, sondern vor allem eine
Erziehungsanstalt sein müsse. Wir können uns an dieser Stelle
nicht auf diese wichtige Frage einlassen, müssen aber zugeben,
daß in einem Alumnate, wie es in den Ritterakademien Bedburg,
den berühmten Schulen wie Schulpforta, Meißen, Grimma u. s. w.
besteht, die Schule von ganz bedeutendem Einfluß auf die Erziehung der ihr vollständig übergebenen Zöglinge sein und auch
segensreich wirken muß, wenn zugleich auch der Charakter der
staatlichen oder städtischen Anstalt in der Zusammensetzung
des Lehrerkollegiums gewahrt bleibt. In Gaesdonk waren es
ausschließlich Geistliche, welche den Unterricht und die Erziehung
leiteten. Die tüchtigen Pädagogen unter ihnen, zu denen die
beiden späteren Bischöfe Dingelstedt und Fritzen gehörten, haben
in der That, namentlich in den oberen Klassen, sehr anregend
gewirkt, in den Gesprächen bei Tisch und auf den Spaziergängen
leiteten sie zu selbständigen Studien an, welche die Schüler in
der freien Zeit betrieben, die Gesundheit wurde durch Arbeiten
in dem großen Garten, durch Spiele u. s. w. gekräftigt, aber der
Mittelpunkt des ganzen Thun und Treibens, des Denkens und
Arbeitens mußte doch bei der einseitigen Zusammensetzung
des Lehrerkollegiums nur die katholische Kirche bleiben. Das
zeigte sich am deutlichsten in der Beschränkung der Lektüre
der alten und neueren Schriftsteller, wo außerdem noch bei
dem gemeinsamen Lesen und Vorlesen zahlreiche Stellen
übersprungen wurden, was die Schüler natürlich zum geheimen
Nachlesen und auch Nachdenken anreizen mußte. Bei dem
außerordentlich geringen Schulgelde, welches die Zöglinge zu
zahlen hatten, bei den vielen halben und ganzen Freistellen
wurde das Privatgymnasium zu Gaesdonk sehr zahlreich von
der umwohnenden ländlichen und kleinstädtischen Bevölkerung
beschickt, zum Teil auch von solchen Schülern, deren Eltern

Eltern der ihnen in erster Linie zustehenden Erziehung ihrer Söhne und der damit verbundenen Mühe ledig zu sein wünschten.

b) Der Unterricht an den Realanstalten.

Es kann nicht der Zweck dieser Arbeit sein, die Realschulfrage, welche im wesentlichen schon bei der Darstellung der äußeren Entwickelung der Realschulen behandelt worden ist, zu erörtern, sondern nur zu berichten, wie in Wirklichkeit sich der Unterricht an diesen Anstalten im Rheinlande gestaltet hat, bis durch das Eingreifen des Staates auch in ihm wie in dem der humanistischen Anstalten eine gewisse Einheit durchgeführt worden ist.

Während die Regierung von vornherein dem Lehrplan der humanistischen Anstalten ihre volle Aufmerksamkeit schenkte und bestimmend in denselben eingriff, ließ sie die Realschulen sich anfänglich ganz frei entwickeln und aus sich selbst herausbilden.

In dem S. 35 mitgeteilten Entwurf Grafshofs über die Einrichtung der ersten höheren Bürgerschule in Köln wird auch die Klassenzahl und der Lektionsplan besprochen. „Wenn der höheren Bürgerschule sechs Klassen gegeben werden, so gehören davon ihr selbst nur eigentlich vier, die beiden anderen der Elementarschule an. In den letzteren verweilt der Knabe in der Regel vier, in den vier übrigen sechs Jahre, so daß er mit dem 16. Lebensjahre reif wird zum Eintritt in die unmittelbare praktische Vorbereitung für seinen Beruf, in das Comptoir, die Kunstakademie, die Künstleranstalt, die Divisionsschule, das Büreau u. s. w. In den Elementarklassen wird der Knabe in vier Jahren soweit an geistiger Entwickelung vorgerückt sein, daß er für einen zusammenhängenden Unterricht in dem einen oder anderen Gegenstande befähigt erscheint, dabei aber zu einiger Sicherheit und Fertigkeit im Sprechen, Lesen, Schreiben und Rechnen gelangt sein. Es beginnt nun der Unterricht in der höheren Bürgerschule, deren beide unteren Klassen einen einjährigen, die beiden oberen einen zweijährigen Kursus haben; es ist der letztere aber so verteilt, daß der Eintritt in denselben mit jedem Jahr stattfinden kann." Der Plan war also folgender:

	I.	II.	III.	IV.
Religionslehre	2	2	3	3
Länder- und Völkerkunde . .	3	3	3	3
Mathematik	6	6	6	6
Naturkunde	3	3	3	3
Deutsche Sprache	4	4	5	5
Französische Sprache	4	4	4	4
Englische Sprache	3	3	—	—
Zeichnen	2	2	2	2
Schönschreiben	3	3	4	4
Gesang	2	2	2	2
	32	32	32	32

Dieser erste recht beschränkte Entwurf wurde schon nach
zwei Jahren 1828 völlig umgestaltet und zwar in Köln ab-
weichend von den übrigen Städten, in denen Realanstalten in
der Entwickelung begriffen waren, durch die Einmischung der
Regierung, welche der Stadt eine Art von Normallehrplan geradezu aufnötigte, in welchem der von der Schulkommission vorgeschlagene lateinische Unterricht gestrichen und dem Privat-
unterrichte zugewiesen, die Anstalt auf drei verschiedene Bildungsstufen, jede zu zwei getrennten Klassen zugeschnitten wurde,
mit der bestimmten Weisung, daſs eine Zusammenziehung derselben auf der einen oder der anderen Stufe nur als Ausnahme
gelten könne, die beim Aufhören der zufälligen Verhältnisse zur
Regel zurückkehren müsse. Dieser von der Regierung in Köln
vorgeschriebene Plan war folgender:

	IV.	III.	II b.	II a.	I b.	I a.
Religion	2	2	2	2	2	2
Geschichte und Geographie. . .	4	4	3	3	3	3
Mathematik u. Physik (Naturkunde)	10	10	10	10	12	12
Deutsche Sprache und Litteratur .	6	6	4	4	3	3
Neuere fremde Sprachen	4	4	7	7	9	9
Technische Fertigkeiten	10	10	10	10	7	7
	36	36	36	36	36	36

Es muß bei diesem Gegensatze zwischen Regierung und städtischer Schulkommission auf die eigenartige Stellung zu dem lateinischen Unterrichte, der ja für die Entwickelung der Realanstalten eine so bedeutungsvolle Rolle gespielt hat, ausdrücklich darauf hingewiesen werden, daß in Köln die Regierung das Lateinische von der neuen Realanstalt fern gehalten wissen wollte, während die städtische Behörde die Einführung dringend verlangte; in den anderen Städten ist es zum Teil umgekehrt gewesen. In Barmen, wo an der Realschule auch statutenmäßig der Gymnasialunterricht erteilt werden sollte, fehlte Ende der siebziger Jahre in der Realabteilung das Lateinische vollständig und sank in der gymnasialen auf eine Stunde wöchentlich herab, die der erste, beste Kandidat der Theologie erteilte; hier war die höchste wöchentliche Stundenzahl in I auf 30, die niedrigste in IV auf 25 bemessen. In Crefeld, wo ebenfalls für die Gymnasialstudien Sorge getragen war, wurden in den beiden oberen Klassen die Latein lernenden Schüler von den Realschülern getrennt, welche statt der alten Sprachen kaufmännische Wissenschaften und neuere Sprachen lernten. In einzelnen Anstalten wurde auch noch der italienische Unterricht eingeführt und in der sogenannten Technologie unterrichtet, d. h. es wurden die Begriffserklärungen der verschiedenen Gewerbsanstalten gegeben; die vorzüglichsten Arbeiten und Werkzeuge bei den verschiedenen Gewerben und Künsten wurden dargestellt und bekannt gemacht „um dem Schüler eine kurze Übersicht derselben zu verschaffen und in ihm den Gewerbsfleiß, eigenes Nachdenken und Liebe zum Gewerbeleben zu wecken". Dazu kam noch vielfach der Unterricht in der Chemie, so daß den Realschülern eine recht schöne Masse von Unterrichtsmaterial geboten wurde, welches sie zu bewältigen hatten.

Dieser Mannigfaltigkeit der Unterrichtsarten an den Realschulen versuchte, wie schon oben gesagt worden ist, die Regierung durch die am 8. März 1832 erlassene vorläufige Instruktion für die Abiturienten-Prüfungen in etwas zu regeln, aber sie bezeichnete doch eigentlich durch dieselbe nur das Ziel, welches die Realschulen zu erstreben hatten, ließ jedoch der Organisation im einzelnen, der Bestimmung über die Zahl der den verschiedenen Unterrichtsfächern einzuräumenden Lehr-

stunden, sowie der Wahl derselben den freiesten Spielraum. Die
Folge davon war, daſs einerseits allerdings die individuellen
Vorzüge einzelner Direktoren und Lehrer, sowie günstige ört-
liche Verhältnisse zum gröſsten Vorteil der Realschulen wirken
konnten, andererseits aber bis zum Jahre 1859, in welchem der
allgemein bestimmende Erlaſs der Unterrichts- und Prüfungs-
ordnung erschien, es in Preuſsen, vor allen Dingen im Rheinlande kaum zwei Realschulen gab, welche in ihrer inneren Einrichtung übereinstimmten, mochten sie auch nur wenige Meilen
von einander entfernt sein.   Auch innerhalb der einzelnen Anstalten selbst war die Organisation in fortwährendem Wechsel
begriffen, da nirgendwo, wie bei den humanistischen Anstalten,
eine feste geschichtliche Grundlage gegeben war, auf welcher
man auf- und weiterbauen konnte; und gerade dort, wo die tüchtigsten Lehrkräfte waren, zeigten sich die gröſsten Wandlungen,
da sie die in diesen Jahren des Gährungsprozesses ihrer Schulen
gemachten Erfahrungen nicht ungenützt vorübergehen lassen
wollten.   Charakteristisch für den meist von diesen Anstalten
eingenommenen utilitarischen Standpunkt war die Masse der
Unterrichtsfächer.   Die Zahl derselben, in welche sich auch das
Latein einschlich, brachte es mit sich, daſs keins die anderen
so recht überwog, so recht zum eigentlichen Mittelpunkt des
Unterrichtes wurde, sondern daſs mehr oder minder die Kräfte
zersplittert wurden.

Es ist daher unmöglich, auch nur ein einigermaſsen über-
sichtliches Bild des Unterrichtes an den Realschulen der Rheinprovinz in den Jahren bis 1859 zu geben, es müſste fast jede
Anstalt für sich geschildert werden. Doch wird man am besten
diese eigenartigen Unterrichtsverhältnisse kennen lernen, wenn
man den Lehrplan wenigstens einiger dieser Anstalten sich
gegenübergestellt sieht. So zeigte die Realschule in Köln folgende Lektionspläne.

1840.

	VI.	V.	IV.	III.	II.	I.
Religion { kath.	2	2	2	2	2	2
{ evang.		2		2		2
Deutsch	7	5	4	3	3	3
Französisch	5	6	6	6	6	5
Englisch	—	—	—	3	3	3
Italienisch	—	—	—	—	—	3
Geschichte	—	2	3	3	3	2
Geographie	4	2	2	2	2	2
Naturkunde	—	2	4	3	5	6
Mathemathik	6	6	6	6	6	6
Zeichnen	2	2	2	2	2	2
Schönschreiben	4	3	3	2	—	—
Gesang		2		2		2
	32	32	34	34	34	36

1844/45.

	VI.	V.	IV.	III.	II.	I.
Religion { kath.	2	2	2	2	2	2
{ evang.		2		2		2
Deutsch	5	4	2	2	2	3
Französisch	5	5	5	4	5	4
Englisch	—	—	—	3	3	3
Lateinisch	4	4	4	4	4	4
Geschichte	—	2	2	3	3	2
Geographie	3	2	2	2	2	2
Naturkunde	—	2	3	2	5	6
Mathematik	5	4	6	6	6	6
Zeichnen	2	2	3	2	2	2
Schönschreiben	4	3	3	2	—	—
Gesang		2		2		2
	32	32	34	34	36	36

Der lateinische Unterricht wurde hier bis zum Herbst 1843 aufser der gewöhnlichen Schulzeit erteilt, wobei den Schülern die Teilnahme freigestellt war. Dann nachdem durch den Erlafs des Unterrichtsministeriums vom 30. Oktober 1841 die Bedeutung des Lateinischen schärfer betont worden war, wurde Herbst 1843 der lateinische Unterricht zwar in die gewöhnliche Schulzeit verlegt, aber doch noch immer die Befreiung von demselben erlaubt. Das Italienische war zuerst 1835 in den Lektionsplan

aufgenommen worden und hielt sich mit wöchentlich 3 Stunden
in Prima bis 1844; dann wurde es 1851 mit zwei wöchentlichen
Stunden wieder aufgenommen, um vom Herbst 1856 ab ganz zu
verschwinden.

In Barmen zeigte der Lehrplan von 1846 bis 1856 und
von 1856 bis 1859 folgende Gestaltung:

	I.	II.	III.	IV.	V.	VI.
Religion	2	2	2	2	2	2
Deutsch	3	3	3	4	5	5
Französisch	5	5	5	5	5	6
Englisch	4	4	2	—	—	—
Mathematik	4	4	4	4	2	—
Rechnen	2	2	3	3	3	4
Geschichte	2	2	2	2	2	2
Geographie	2	2	2	2	2	2
Physik	2	2	2	—	—	—
Chemie	2	2	2	—	—	—
Naturbeschreibung	2	2	2	2	2	—
Zeichnen	2	2	2	2	2	2
Schreiben	2	2	3	3	3	4
Gesang	—	2			1	2
	34	36	36	31	29	30

	I.	II.	III.	IV.	V.	VI.
Religion	2	2	2	2	3	3
Deutsch	3	3	3	3	4	4
Französisch	4	4	4	5	5	5
Englisch	4	4	4	—	—	—
Mathematik	4	4	4	4	—	—
Rechnen	2	3	2	3	3	4
Geschichte und Geographie	3	3	3	4	4	4
Naturwissenschaft	5	5	4	2	2	2
Lateinisch	3	3	3	4	4	—
Zeichnen	2	2	2	2	2	2
Schreiben	1	1	2	2	3	4
Gesang	1	1	1	2	2	
			Chor 1			
	34	34	34	32	32	30

Auch hier sieht man deutlich, welche Änderungen die Aufnahme des Latein hervorgerufen hat; übrigens wurde von 1857
ab der Kursus in der I und II zweijährig.

In Düsseldorf war die Aufstellung des Lehrplanes 1842/43 und 1852/53 folgende:

	VI.	V.	IV.	III.	II.	I.
Religion kath.	2		2		2	
evang.	2		2		2	
Deutsch	6	6	4	3	3	3
Französisch	6	5	5	4	4	4
Englisch	—	—	—	3	4	4
Geschichte	—	—	3	2	2	2
Geographie	2	2	2	2	1	1
Physik	—	—	—	1	2	4
Chemie	—	—	—	—	3	3
Naturgeschichte	2	3	3	2	—	1
Mathematik	—	—	4	4	4	4
Rechnen	5	6	2	2 { W. 1 / S. 2		1
Schreiben	5	3	2	2	1	—
Zeichnen	3	3	3	3	3	2
Gesang a) unt. Abtlg.	—	—	—	—	1	—
b) ob. Abtlg.	—	—	—	—	2	—
	32	32	32	31	32 (33)	32

Latein. { fakultativ in / 4 Abteilungen } 4. Abtlg. 4 Stdn. 2. Abtlg. 4 Stdn. 3. „ 4 „ 1. „ 4 „

	VI.	V.	IV.	III.	II.	I.
Religion kath.	2		2		2	
evang.	2		2		2	
Deutsch	6	5	4	3	3	3
Französisch	6	5	5	4	4	5
Englisch	—	—	—	3	4	3
Geschichte	—	—	3	2	2	2
Geographie	2	2	2	2	1	1
Physik	—	—	—	1	2	3
Chemie	—	—	—	—	3	3
Naturgeschichte	2	2	2	2	—	1
Mathematik	—	—	4	4	4	4
Rechnen	5	5	2	1	1	—
Schreiben	4	3	1	1	1	—
Zeichnen	3	3	3	3	2	2
Gesang in 2 Abtlgn.	1	1—2	1—2	2	2	2
a) mit 1 Std., b) mit 2 Stdn.						
	31	29	30	30	32	31

Latein. { fakultativ in / 5 Abteilungen } 5. Abtlg. 4 Stdn. 3. Abtlg. 4 Stdn. 4. „ 4 „ 2. „ 4 „ 1. „ 4 „

Mit dem Erlaſs der Unterrichts- und Prüfungs-Ordnung der Realschulen und der höheren Bürgerschulen vom 8. Oktober 1859 wurde die durchgreifende Gliederung und Ordnung dieses so vielgestaltigen Real- und Bürgerschulwesens für den ganzen Staat geschaffen. Der normale Lehrplan wurde vorgeschrieben und die Städte des Rheinlandes beeilten sich, ihre Schulen auf den Fuſs desselben zu bringen. Damit tritt auch die Entwickelung des Realschulwesens in der Rheinprovinz aus der speziellen Geschichte derselben heraus und in den allgemeinen Gang der Schulen des ganzen Staates über. Die einzelnen Abweichungen, welche hier und da noch vorkamen, sind für die Zwecke und Ziele dieser Schrift nicht mehr von Belang. Es darf auch wohl von einer näheren Darstellung des Unterrichtsplanes an den Gewerbeschulen abgesehen werden, da diese doch erst mit ihrer Umwandelung zu lateinlosen Realschulen, den jetzigen Oberrealschulen in den Bereich des höheren Schulwesens kommen und von da ab eine irgend einer Provinz ganz besonders eigenartige Gestaltung nicht mehr erfahren haben.

2. Die Lehrer.

Der berühmte Direktor Spilleke in Berlin äuſserte sich gegen Ende der vierziger Jahre folgendermaſsen über den damaligen Lehrerstand: „Übersieht man die Geschichte des Schulwesens in den letzten 30 bis 40 Jahren, so findet man, daſs sich seitdem erst ein eigentlicher Gymnasiallehrerstand gebildet hat, der sich weit über den früheren erhebt und in mehrfacher Beziehung die gröſste Achtung verdient. Denn wenn es früher auch an einer oder der anderen Schule Männer gab, welche durch vielseitige Kenntnisse sich auszeichneten, so waren dies doch immer nur einzelne Lichtpunkte. Die meisten Lehrer an den sogenannten hohen Schulen waren Kandidaten der Theologie, welche ihr Geschäft nur als Durchgang zu einem Pfarramt betrachteten und denen deshalb selten die Schule sonderlich am Herzen liegen konnte. Ganz anders verhält es sich jetzt. Die Stellen an den Gymnasien sind dem gröſsten Teile nach mit Männern von ausgezeichneten Kenntnissen besetzt, nicht wenige unter ihnen giebt es, welche geschickt sind, den akademischen Lehrstuhl zu besteigen; und gewiß würde der unter seinen Kollegen eine geringe Achtung genießen, der nicht unablässig bemüht wäre, seine Kenntnisse zu vermehren und tiefer zu begründen. Eine nicht geringere Achtung ferner verdienen die Gymnasiallehrer wegen der würdigen, edlen Haltung, welche sich in ihrem Verhältnisse zu einander zu erkennen giebt, indem sie sich auch dadurch weit über die frühere Zeit erheben, in welcher die Schule nicht selten der Sitz des Gezänks und unwürdiger Klatschereien war. Und so kann man auch endlich drittens darum dem Staate und den Schulen wegen ihrer Lehrer Glück wünschen, weil es keine gewissenhaftere, fleißigere und treuere Beamte giebt, als sie."

Dieses den Gymnasiallehrern Preußens gespendete Lob hätte Spilleke ohne Bedenken auf den ganzen höheren Lehrerstand ausdehnen können; es gilt auch nicht nur von dem von ihm erwähnten Zeitraum, sondern es trifft in vollem Maße ebensogut noch auf die spätere Zeit und die Gegenwart zu. Vor allen Dingen jedoch verdienten dieses Lob die rheinischen Lehrer. In den übrigen Provinzen Preußens war ein Stamm trefflicher Lehrer vorhanden, alte, berühmte Universitäten sorgten für den Nachwuchs, die Tradition selbst half zum Blühen und Gedeihen der Schulen mit; im Rheinlande mußte mit wenigen Ausnahmen ein Lehrerstand geschaffen werden; nach längerer Zeit erst konnten die Zöglinge der neuen rheinischen Universität ihr volles Wirken an den heimischen Schulen beginnen. Um so heller strahlt der Ruhm aller dieser Schulmänner hervor, welche zum größten Teil unter den schwierigsten Verhältnissen, gegen die kärglichste und kümmerlichste Bezahlung aus reiner Liebe zur Schule, aus reinem Pflichtgefühl, ihre ganze Manneskraft dem Unterricht und der Erziehung gewidmet haben. Ohne sie wäre trotz der Sorge der Regierung und der Gemeinden das rheinische höhere Schulwesen nicht zu der Höhe gelangt, auf welcher es jetzt steht.

Anfangs allerdings, als der preußische Staat die Organisation des rheinischen Schulwesens begann, konnte er nur auf wenige brauchbare Männer zählen. Nicht nur die Lehrbefähigung war mangelhaft, auch die politische Gesinnung war an nicht wenigen Orten eine dem deutschen, beziehungsweise preußischen

Staate durchaus nicht günstige, wie denn z. B. die Trierschen
Professoren es laut verkündigt hatten, daß man es sich zur Ehre
anrechnen müsse, zur großen und hochherzigen Nation der
Franken zu gehören. Als ein besonderes Hindernis für die rasche
Durchführung dieser Organisation besonders an den Anstalten,
welche völlig oder vorzugsweise katholischen Charakter trugen,
stellte sich der Mangel an katholischen Lehrern heraus. Das
machte sich z. B. besonders in Coblenz bemerkbar, wo selbst
Görres für die Direktorstelle den Protestanten Schulze in Vorschlag gebracht hatte. Doch entschieden sich später auch die
protestantischen Coblenzer Konsistorialräte dahin, diese wichtige
Stelle an der Anstalt durch einen Katholiken zu besetzen, ebenso
wie sie auch im Lehrerkollegium die Mehrheit durch Katholiken
gebildet wissen wollten. Bei den über diese wichtige Frage im
Konsistorium stattfindenden sehr eingehenden Beratungen sind
die Bemerkungen Schulzes von hervorragender Bedeutung gewesen und verdienen auch heute noch, wo die Frage der Parität
ihre so künstliche Rolle spielen will, die höchste Beachtung.
Er führte unter anderem aus: „Ein Gymnasium ist ein wissen-
schaftliches Institut, bestimmt, das wissenschaftliche Leben bei
der hierzu tauglichen Jugend einzuleiten und zu begründen. In
der Wissenschaft als solcher ist aber nicht vom Katholicismus,
noch Protestantismus die Rede, also auch nicht bei einem wissenschaftlichen Institut, dem Gymnasium. Hierzu kommt, daß das
hiesige (Coblenzer) Kollegium ein Landes-Gymnasium ist und es
muß als solches den höheren Zwecken des Staates, nicht den
untergeordneten Absichten einer besonderen Religionspartei
dienen. Dem preußischen Staate muß daran liegen, in den
Rheinprovinzen eine gründliche wissenschaftliche Bildung zu ver-
breiten, und er wird und muß diesen Zweck durch die ihm zu
Gebote stehenden Mittel zu erreichen suchen; er wird also tüchtige Schulmänner, gründliche Sprachgelehrte und wahrhaft wissenschaftliche Männer da aufsuchen, wo er sie finden kann, unbe-
kümmert um die Religionspartei, zu welcher sie sich bekennen.
Es wäre für den preußischen Staat sehr erwünscht, wenn er
recht viele tüchtige Katholiken fände, die er in seinen Rheinprovinzen als Lehrer anstellen könnte. Aber, wenn er sie, wie
ich fast fürchte, nicht fände, so sehe ich nicht ein, wie es unseren

katholischen Brüdern anstößig sein könnte, wenn der Staat an
rein wissenschaftlichen Instituten in katholischen Ländern Protestanten anstellte. Der eigentliche Religionsunterricht kann
und muß von den Geistlichen einer jeden Konfession abgeson-
dert erteilt werden. Lateinisch, Griechisch, Deutsch, Mathematik u. s. w. kann weder katholisch noch protestantisch gelehrt werden, sondern gründlich muß der Unterricht in diesen
Hauptstücken des Gymnasialunterrichtes sein und der Staat wird,
wenn dieses der Fall ist, nicht weiter zu fragen sich bemühen,
ob die Lehrer Katholiken oder Protestanten sind. Bemerken
muß ich noch, daß in Düsseldorf der gegenwärtige Direktor des
ehemaligen Jesuitenkollegiums ein Protestant ist (Dr. Fr. Kortüm).“ So wurden denn auch mehrere evangelische Lehrer in
Coblenz angestellt. Auch für den katholischen Religionsunterricht waren anfangs kaum taugliche Kräfte zu finden; erst seitdem den durch die neue Universität zu Bonn vorgebildeten
jüngeren Geistlichen der Unterricht in der katholischen Religion
übertragen werden konnte, gelang es, denselben überall zweck-
mäßiger und gründlicher zu erteilen. In der schon erwähnten,
von Schulrat Brüggemann in der Mitte der fünfziger Jahre ver-
faßten Denkschrift über die höheren Schulen der Rheinprovinz
berichtet er in dieser Beziehung, daß die damaligen Religionslehrer fast alle aus der Hermesianischen Schule hervorgegangen
seien, und der Erzbischof von Spiegel sich bemüht habe, die
tüchtigsten jüngeren Geistlichen zur Anstellung zu empfehlen.
Seine Wahl sei überall gerechtfertigt worden, denn bei dem
treuesten Festhalten an dem katholischen Lehrbegriffe hätten
alle auch das rechte Leben und den Frieden zu fördern gesucht,
auch die aus dem Seminar zu Trier hervorgegangenen Religionslehrer hätten sich durch gründliche und umfassende Kenntnisse,
sowie durch gute Gesinnung empfohlen.

Es verdient an dieser Stelle bemerkt zu werden, daß durch
die konfessionelle Verschiedenheit der Lehrer auch an den pari-
tätischen und simultanen Anstalten in dieser langen Reihe von
Jahren kein nennenswerter Zwiespalt entstanden ist. Überall
aus den Programmen der einzelnen Schulen klingt uns ein hoch-
erfreulicher Ton der Eintracht und des Friedens der Kon-
fessionen entgegen, und mit vollem Rechte kann einer dieser

Berichterstatter behaupten, daſs dies schöne Verhältnis auch seit
1870 sich nicht geändert hat: „die kirchengeschichtlichen Er-
eignisse dieser Zeit sind für das Verhältnis der Lehrer untereinander nur insofern von einiger Bedeutung geworden, als man
früher wohl im Gespräche den kirchlichen Fragen aus dem Wege
ging, nun aber auch auf diesem Gebiete ein unumwundener Austausch der Meinungen stattfindet, wie es Lehrern an einer wissenschaftlichen Anstalt in einem freien Lande geziemt.“

Wie schon bemerkt, konnte die preuſsische Regierung bei
Übernahme der höheren Schulen der Rheinlande nur auf einige
brauchbare Lehrer zählen, wie sie sich wohl in Köln und Düsseldorf fanden. An den übrigen Anstalten dagegen sah es in dieser
Beziehung so traurig wie möglich aus; man muſste alle möglichen Kräfte heranziehen, um wenigstens den Unterricht beginnen
zu können. So unterrichteten in Coblenz zwei Offiziere, die
damals auf dem militärisch-topographischen Büreau arbeiteten,
ein Regierungskalkulator und ein Apotheker; auſser ihnen übernahmen einige Privatlehrer einige Stunden und schlieſslich
muſsten noch die beiden Schulräte Schulze und Lange, trotz
ihrer sich immer mehr häufenden Arbeiten in dem Konsistorium
in den beiden oberen Klassen im Lateinischen und Griechischen
den Unterricht erteilen. In Bonn zwang der Mangel an geeigneten Lehrkräften das Konsistorium zur Ausfüllung der Lücken
„Studiosen“ heranzuziehen. Unter diesen zeichnete sich Ludwig
Schopen, der spätere hochverdiente Direktor des Bonner Gymnasiums, und Karl Wilhelm Lucas, der spätere Schulrat, besonders aus; der eine „durch die Angemessenheit und Gründlichkeit seines Unterrichtes“, der andere von Professor Näke
mit der Bemerkung empfohlen: „er werde mit Erfolg als Lehrer
auftreten und namentlich den Unterricht in Sekunda eines Gymnasiums, in alten Sprachen zumeist übernehmen können“. Oft
genug ertönen die Klagen, daſs man noch immer genötigt sei,
Lehrer zu beschäftigen, welche eine wissenschaftliche Befähigung
nicht hatten nachweisen können. Dieselben Miſsstände machten
sich auch an den Realschulen geltend, oft sogar noch in
gröſserem Maſse, weil hier die Lehrer mit dem neuen Wirkungs-
kreise zum Teil noch wenig bekannt waren. So waren die
meisten Anstalten genötigt, aus der Fremde, aus den übrigen

Provinzen des preufsischen Staates oder den anderen deutschen
Ländern, besonders aus Bayern und Nassau, vor allem die Direktoren in die Rheinlande zu rufen. So kam nach Bonn Nic.
Biedermann aus Landshut in Bayern, nach Cleve Carl Ludwig
Gieseler aus Minden, nach Coblenz zuerst Chr. Fr. Schlosser, der
jüngste Neffe von Goethes Schwager, nach ihm Franz Nic. Klein
aus Breslau, und der bekannte Mathematiker Fridolin Leuzinger
aus dem Institut Pestalozzis zu Yverdun; nach Düsseldorf Kortüm
aus Strelitz und Brüggemann aus Soest; nach Duisburg J. Dan.
Schulze aus Buckau; nach Essen Ant. Jacob Paulssen aus Ratibor; nach Köln Franz Jos. Seber aus Aschaffenburg, nach
Kreuznach Gerd Eilers, der spätere Schulrat in Coblenz und
Geh. Rat im Unterrichtsministerium aus Bremen; nach Wesel
L. Bischoff aus Berlin; nach Wetzlar L. Snell aus Idstein in
Nassau. An manchen Anstalten vollzog sich ein völliger Wechsel
des Lehrpersonales, als das einzige Mittel, um dem drohenden
Verfall wirksam zu begegnen; dieses Hin- und Herschieben
dieses Tasten nach guten Kräften hat in den ersten Jahrzehnten
die Entwickelung der einzelnen Anstalten oft sehr aufgehalten.

Dazu kam, dafs von der Demagogenfurcht der Regierungen,
welche durch die That Sands und durch die Karlsbader Beschlüsse hervorgerufen waren, auch noch manche Lehrer der
rheinischen Schulen in Mitleidenschaft gezogen wurden. So
wurde der Direktor Snell, welcher das Gymnasium in Wetzlar
zu einem erfreulichen Aufschwung gebracht hatte, in die dema-
gogischen Untersuchungen verwickelt und dadurch seine Kraft zu
früh dem Gymnasium entrissen, in Bonn wurde 1818 der Turnlehrer Baumeister wegen demagogischer Umtriebe plötzlich ver-
haftet. In Kreuznach mufste der um die Anstalt sehr verdiente
Professor Bercht wegen demagogischer Anschuldigungen entlassen werden, und auch der Direktor Eilers wurde in diese
Untersuchungen hineingezogen und litt schwer unter denselben.
Obgleich in der Mitte der zwanziger Jahre auf wiederholte
Anfragen das Oberpräsidium der Rheinprovinz berichten konnte,
dafs von schädlichen Tendenzen bei den Lehrern nichts zu bemerken sei, so blieb doch das Mifstrauen gegen alle noch lange
bestehen, welche irgendwie mit Herrn von Kamptz in Berlin in
Berührung gekommen waren. Recht interessant ist in dieser

Beziehung die Verfügung, durch welche die Berufung La-
fermanns als Lehrer nach Elberfeld bestätigt wurde: in derselben
hieß es, daß diese Anstellung nur mit der größten Vorsicht
und unter genauer Beobachtung erfolgen könne. Von ihm er-
warte man, daß er das in ihn gesetzte Vertrauen rechtfertigen
werde. Dagegen werde die entfernteste Spur einer Hinneigung
zu staatswidrigen Gesinnungen und Grundsätzen und zu Richtungen, welche mit der Verfassung oder mit der Verwaltung
nicht vereinbar seien, ganz unfehlbar sofortige Entfernung aus
jedem öffentlichen Verhältnisse, ohne daß es deshalb einer
förmlichen oder disziplinarischen Untersuchung bedürfe, auf das
Bestimmteste zur Folge haben.

Diese Demagogenverfolgungen hielten damals auch die
meisten Lehrer von der persönlichen Teilnahme am öffentlichen
Leben zurück: in der Geselligkeit im engeren Kreise, in der
liebevollen Pflege der Wissenschaft und Kunst ging den meisten
das Leben dahin. Dazu kam, daß die geringe Besoldung,
das spärliche Einkommen für die größte Zahl ein Haupt-
hindernis wurde, sich den übrigen Ständen gleichwertig an die
Seite zu stellen. In der oben erwähnten, 1820 für die Provinz
Cleve-Berg entworfenen Schulordnung waren auch Bestimmungen
über das Gehalt der Lehrer getroffen worden. Dasselbe sollte
nach besonderer Bestimmung des Staates oder der Gemeinden
festgesetzt werden, doch müsse, wenn eine Stadt Ansprüche auf
ein Gymnasium mache, wenigstens dem Direktor 700 Thaler
und jedem ordentlichen Lehrer 500 Thaler zugesichert werden,
monatlich pränumerando zu bezahlen. In größeren Städten
müsse diese Summe verhältnismäßig erhöht werden. Die Höhe
dieser Besoldung hielt sich an den größeren Anstalten bis in
die Mitte der dreißiger Jahre, wo dieselbe für den Direktor auf
ungefähr 900 Thaler, den 1. Oberlehrer 750, u. s. w. abwärts
bis zum letzten ordentlichen Lehrer auf 300—450 Thaler festgesetzt wurde. Besser gestellt waren im großen und ganzen
die Realschulen in den größeren Städten, deren Gemeindever-
waltung, um tüchtige Kräfte für die neuen Anstalten heranzuziehen, auch tiefer in den Geldbeutel greifen mußten. So konnte
z. B. 1830 für die Realschule in Köln der erste Oberlehrer nur
für ein Gehalt von 900 Thaler und 200 Thaler als Wohnungs-

La geldzuschuß gewonnen werden. Recht übel aber stand es mit den Lehrern an den kleineren Anstalten, den Progymnasien und Bürgerschulen. Hier bezifferte sich das Gehalt, wenn es hoch kam, für den Direktor auf 600 Thaler und für die Lehrer von 250 bis 400 Thaler. Ein Teil dieses Einkommens floß übrigens vielfach den Lehrern aus dem von den Schülern bezahlten Schulgelde zu.

Nicht zum wenigsten mit diesen mißlichen pekuniären Verhältnissen hängt das unglückselige Hilfslehrerwesen zusammen, welches seine Schatten ja noch bis in die gegenwärtige Zeit hineingeworfen hat. Es gab Schulen, wo die Zahl dieser Hilfslehrer den fest angestellten Lehrern fast gleich kam. Andererseits wurden die Lehrer, wo die Mittel zur Besoldung von Hilfslehrern fehlten, über die Maßen angestrengt und eine Überbürdung hervorgerufen, welche nur zum Schaden der Schule sein konnte. Trotz aller dieser Umstände darf und muß, wie schon oben gesagt, dem rheinischen Lehrerstande das hohe Lob zugesprochen werden, daß er aus reiner Liebe zu seinem Fache, in wahrhaft idealem Streben die höheren Schulen seiner Provinz zu der Höhe gebracht hat, auf der sie jetzt stehen. Viele von diesen Männern haben sich rühmlich in der Wissenschaft hervorgethan, sie sind Zierden der Universitäten geworden oder sind als vorzügliche Pädagogen zu hohen Verwaltungsstellen berufen. Es ist nicht möglich, alle ihre Namen zu nennen, doch mag auch durch diese Schrift das Andenken an einige derselben wachgehalten werden.

So ragten hervor: C. Savels, später Schulrat in Münster, H. Korten, später Schulrat in Coblenz, W. Dillenburger, später Schulrat in Königsberg, welche an dem Gymnasium in Aachen wirkten, an der Realschule dort wirkte Ed. Heis, der berühmte Professor der Mathematik in Münster, in Bonn waren W. Lucas, der spätere Schulrat in Coblenz, und W. Schopen, der spätere Direktor des Gymnasiums, in Cleve W. Herbst, F. Heinen und C. Kiesel, die Direktoren von der Realschule und dem Gymnasium in Düsseldorf, in Coblenz Ferd. Deycks, Jos. Seul und Bernh. Henrich, in Düren W. Pütz, Ant. Göbel und Math. Meiring, in Düsseldorf Kortüm, Brüggemann, H. Druckenmüller, der spätere Direktor des Königl. Gewerbe-Instituts in Berlin und Geh. Regierungsrat im Handelsministerium, an der Realschule

Viehoff, Schellen, Erk, Schauenburg, Eckertz, Vietor, in Duisburg
Landfermann, Knebel, Gallenkamp und O. Nitzsch, in Elberfeld
O. Ribbeck, der spätere Professor der Philologie, und C. W.
Bouterweck, an der Realschule Egen, Wackernagel und Herrig,
in Emmerich Ph. Ditges, in Köln S. Ohm, später Professor in
Berlin, H. Bone, Conr. Martin, später Bischof von Paderborn,
Jos. Grysar, der bekannte Philologe, Jos. Stauder, der jetzige
Decernent des höheren Schulwesens im Kultusministerium, C. Hoff-
meister, der Biograph Schillers, in Kreuznach Mor. Axt, in Trier
Wyttenbach, Willibald Beyschlag, in Wesel O. Frick, in Wetzlar
Wiedasch, in Gaesdonk die beiden jetzigen Bischöfe Fritzen und
Dingelstedt. Viele von diesen um das rheinische Schulwesen so
verdienten Männern haben auch an verschiedenen Anstalten der
Provinz gewirkt, ehe sie zu höheren Stellen berufen wurden.

Wenn, wie schon bemerkt, im Anfang der Entwickelung
der rheinischen Schulen die Lehrer wenig mit der Außenwelt
in Berührung kamen und auch untereinander nur in dem
engeren Bezirke ihres Ortes oder der nächsten Nachbarschaft
sich kennen lernten, und von einem Gefühle der Vertretung ge-
meinsamer Interessen, der Pflege des sozialen Verhältnisses
noch keine Rede war, so begann sich das mit dem Anfang der
vierziger Jahre zu ändern, in denen überhaupt ja in dem ganzen
preußischen Staat die umwälzende Bewegung sich vorbereitet.
Der Anstoß dazu ging von den Lehrern der Realschulen aus,
das derbe Wort Magers: „Die barbarische Vorstellung von
mésalliance ist dem Adel allmählich abhanden gekommen, nun
flüchtet sie sich in die Köpfe der Gymnasiallehrer; sie sind die
nobles, die Lehrer an den höheren Bürgerschulen die roture",
rief die gemeinsame Agitation der Realschullehrer zur Gleichstellung mit den Gymnasiallehrern hervor. 1842 entstand der
Rheinisch-westfälische Schulmännerverein, dessen Leitung Direktor
Heinen in Düsseldorf übernahm, und 1843 wurde dann wirklich
für die Direktoren der vollständigen Realschulen ein bestimmtes
und gleiches Rangverhältnis mit denen der Gymnasien festgesetzt. Von da an begannen die Vereinigungen, durch Gründung von Vereinen und Zeitschriften und 1848 traten Lehrerver-
sammlungen zusammen, um über die Schulreform zu beraten.
Wir haben bei der Besprechung der Entwickelung der Real-

schulen gesehen, von welcher Bedeutung diese Versammlungen in Benrath, Königswinter und Deutz gewesen sind. Doch auf diese auch im rheinischen Lehrerstande mit so großen Hoffnungen begrüßten Frühlingszeit des deutschen Volkes folgte die schlimme Periode der Reaktion, die mit ihrer ertötenden Kälte auch hier einen Stillstand der Entwickelung hervorrief.

Da kam das Jahr 1862 und mit ihm wurde eine freie Vereinigung der Lehrer aller höheren Schulen des Rheinlandes geschaffen, welche von der allergrößten Bedeutung für das gesamte innere Leben aller dieser Anstalten geworden ist. Lehrer des Gymnasiums in Wesel, Otto Frick, P. Müller, traten mit den Kollegen einiger Nachbaranstalten, Seemann, Tillmanns, Schmieder, Jäger und Zahn, zu Xanten zusammen, um die ersten Verabredungen zu einer Vereinigung der rheinischen Lehrerwelt zu treffen und am 19. Oktober 1862 konstituierte sich dann in Mülheim a. d. Ruhr unter dem Vorsitz des damaligen Direktors der dortigen Realschule I. Ordnung H. Kern „der Verein rheinischer Schulmänner“. Am 7. April 1863 fand die erste regelmäßige Versammlung in Düsseldorf unter dem Vorsitz des Direktors der dortigen Realschule I. Ordnung Heinen statt, bei welcher dieser jenes seitdem oft gebrauchte Bild von den beiden Brüdern anwendete: „Beide Arten von Lehrern vereinigen sich heute, wie wenn zwei Brüder, da die Fluren sich wieder mit frischem Grün bekleiden, an einem sonnigen Festmorgen durch das väterliche Erbe wandeln, in welches sie sich geteilt hatten, da es zu groß geworden war, als daß es einer allein noch hätte bewirtschaften können. Freudig blickt jeder auf die Üppigkeit der Saaten des anderen, für welche dessen Boden geeigneter ist als der eigene, und sieht er, daß Saaten, die auch er auf seinem Acker ausgestreut hatte, für die auch er gleiche Tragfähigkeit erzielen könnte, eine reichere Ernte versprechen, so faßt ihn nicht Neid; er gedenkt, daß es väterliches Erbe ist, auf dem er die höhere Ergiebigkeit wahrnimmt, berät sich mit dem Bruder über die Mittel zur Erlangung gleicher Ergebnisse und empfängt gern Mitteilungen von bewährten Erfahrungen.“ Dieser sonnige Festmorgen ging leider rasch vorüber. Die Geschichte des Vereins ist zum 25jährigen Jubelfest seines Bestehens von Direktor Jäger geschrieben worden; was seit dem

Jahre 1888 in ihm geschehen und von ihm ausgegangen ist
das bestätigt vollkommen die Worte, welche am Schlusse dieser
Geschichte stehen und die es verdienen, hier noch einmal wieder-
holt zu werden: „Ein hervorragendes Verdienst des Vereins ist
es gewesen, daß er sein Programm friedlichen Kämpfens um
die hohen Aufgaben des Lehrerberufes ruhig weitergeführt hat,
während um ihn der große Realschulberechtigungskampf und
der noch ernstere kirchenpolitische Streit tobte. Je lebhafter
die Gegensätze im öffentlichen Leben sich bekämpfen, um so
wünschenswerter ist es, daß diejenigen Gebiete gepflegt werden,
auf denen gemeinsame, gemeinnützige Arbeit die Persönlichkeiten, auch sonst sich entgegenstehende Persönlichkeiten, zu-
sammenführt. Auch dem anderen Teil seines Programmes „an-
regende persönliche Bekanntschaften in der rheinischen Lehrerwelt zu vermitteln" ist der Verein gerecht geworden. Das Beste
ist hier, wie es sein soll, von selbst geschehen: bei den Beratungen, in den Vorträgen, den Thesen, im Reden und zuweilen
auch im Schweigen giebt sich die Persönlichkeit; sie steht hinter
dem Worte und giebt ihm oder nimmt ihm auch zuweilen seine
Kraft und wir möchten in der Gegenwart, wo der Nürnberger
Trichter eine so große Rolle spielt, einigen Wert gerade darauf
legen, daß die jüngeren Fachgenossen in diesen Versammlungen
zwar nicht fertige Lehrproben, Lehrgänge, Lehrmethoden, aber
den lebendigen Eindruck verschiedenartiger und doch demselben
Ziele und Zwecke dienender Persönlichkeiten bekommen." Es
werden dann in dieser Geschichte die Männer erwähnt, die
1888 nicht mehr am Leben waren und sich jeder in seiner Art
ein besonderes Verdienst um diese sogenannten „Oster-Dienstag-
Versammlungen" erworben haben, die Direktoren Herbst, Heinen,
Schacht, Pertz, Oberlehrer Conrads, die Schulräte Landfermann,
v. Raczeck und Vogt; es mögen nun hier auch die nach dem
Jahre 1888 noch Mitwirkenden genannt sein, deren ganze Persönlichkeit mit diesen Zusammenkünften eng verbunden war und
noch ist: es sind das die früheren Schulräte Stauder und Höpfner,
die noch jetzt im Amte stehenden Deiters und Münch, der
Rektor Götz, die Direktoren Kiesel, Uppenkamp, Schmitz, Zahn,
Schwenger, Matthias, Evers, Fischer, Thomas, Petry, Poppel-
reuter und vor allen Dingen Jäger, welcher mit seinem idealen

Geist, seinem unerschrockenen Wahrheitssinn, seinem tiefen Wissen und nicht zuletzt seinem unversiegbaren Humor die Seele dieser Versammlungen geworden ist.

Wie durch diesen Verein rheinischer Schulmänner die Entwickelung der höheren Schulen gewissermaßen aus sich selbst heraus, aus eigenem Antriebe der Lehrer gefördert wurde, so hatte die Regierung schon seit 1823 durch die Abhaltung von Direktoren-Konferenzen, wie eine solche zuerst in Westfalen abgehalten war, für den Austausch pädagogischer Erfahrungen und Fruchtbarmachung derselben in den einzelnen Provinzen gesorgt. Im Rheinlande sind diese Direktoren-Konferenzen erst sehr spät 1881 eingeführt worden. Die zur Beantwortung gestellten und auf diesen Konferenzen verhandelten Themata haben sich meistens auf allgemeine, das ganze Schulwesen Preußens betreffende Fragen bezogen, doch sind auch einige derselben von spezieller Bedeutung für die Rheinprovinz gewesen. So wurde auf der ersten Direktoren-Versammlung 1881 beraten, wie in dem Censurwesen sämtlicher höheren Lehranstalten der Rheinprovinz ein übereinstimmendes Verfahren geübt werden könne. Es wurde hier bestimmt, daß in allen Klassen jährlich dreimal volle Censuren an alle Schüler erteilt werden sollten, und zwar vor den Herbstferien, vor den Weihnachtsferien und vor den Osterferien; zur Beurteilung der Leistungen wurden die Prädikate: 1) Recht gut; 2) Gut; 3) Genügend; 4) Mangelhaft; 5) Ungenügend festgesetzt. Es mag dabei als nicht uninteressant erwähnt werden, daß über die Prädikate Genügend, Mangelhaft sich bald darauf eine ziemlich erbitterte Zeitungsfehde erhob, doch hat man bis jetzt an denselben festgehalten. 1885 wurde eine Kommission eingesetzt, um für die höheren Schulen der Rheinprovinz einen gemeinsamen Kanon von Jahreszahlen auszuarbeiten. 1888 wurde über eine gemeinsame Schulordnung für die ganze Provinz beraten. Die einzelnen Bedingungen derselben festzustellen wurde den Anstalten selbst überlassen, doch müssen gegenwärtig die Eltern bei der Aufnahme des Schülers einen Revers unterschreiben, in welchem sie die ihnen mitgeteilte Schulordnung auch für ihr Verhältnis zu der Anstalt als bindend anerkennen.

Während aber diese Direktoren-Konferenzen und die Ver-

sammlungen des rheinischen Schulmännervereines für das innere
Leben der höheren Schulen sorgten, war nichts geschehen, was
die Lehrer zusammenfassen konnte, um ihre äufseren Verhältnisse zu bessern und zu heben. Bei der Teilung der sozialen
Stellung war der Lehrerstand auf der idealen Höhe der Wissenschaft stehen geblieben, ohne sich in seiner Begeisterung für
den Unterricht so recht klar zu werden, dafs auch er ein sehr
wesentliches Glied in der zum Wohle des Vaterlandes wirkenden
Beamtenwelt sei und ebensogut wie die Juristen, welche das
beste Teil der sozialen Stellung längst für sich genommen
hatten, auf die äufsere Anerkennung seines segensvollen Wirkens
Anspruch machen könne und müsse. Je mehr nun aber die
Überzeugung durchdrang, dafs bei den sich besonders seit dem
Jahre 1870 steigernden Lebensverhältnissen die Schule selbst
ihre hohe Aufgabe nicht voll erfüllen könne, wenn Staat und
Gesellschaft durch die Zurücksetzung des Lehrerstandes hinter
den anderen akademisch gebildeten Ständen, namentlich bezüg-
lich des Gehaltes, des Ranges und Titels, es dem Lehrer erschwerten, ja fast unmöglich machten, dauernd mit der alten
Berufsfreudigkeit seine volle Kraft der Schule zuzuwenden, um
so gröfser wurde das Bestreben, aus diesem unwürdigen Zustande
durch eine allgemeine Vereinigung des ganzen Lehrerstandes
herauszukommen. Die übrigen Provinzen Preufsens begannen
ziemlich früh mit der Gründung von Provinzialvereinen, welche
sich dann zu einem grofsen Verbande zusammenschliefsen sollten,
in der Rheinprovinz wurden erst im Juli 1883 die ersten Schritte
gethan.

In diesem Monate traten Mitglieder der Gymnasialkollegien
zu Köln, Bonn, Düsseldorf und Essen in Köln zu der Vorbe-
ratung der Gründung eines Vereines zusammen, welcher die
Verbesserung der materiellen Lage des Lehrerstandes und die
Hebung der zum Teil von dieser abhängigen gesellschaftlichen
Stellung, sowie die Belebung und Kräftigung des Standesbe-
wufstseins zu erstreben habe. Man ging zunächst sehr vorsichtig
zu Werke und beschlofs, um die Kollegen erst mit dem Gedanken an einen voraussichtlich recht ernsten Kampf mit allen
denen, welche von der alten Anschauung der sozialen Stellung
des Lehrerstandes nicht sobald lassen würden, vertraut zu

machen, zunächst keinen geschlossenen Verein zu bilden, sondern vorläufig nur eine nähere Vereinigung sämtlicher akademisch gebildeter Lehrer des Rheinlandes anzubahnen. Doch sehr rasch fanden die Vereinsbestrebungen festen Boden in der rheinischen Lehrerwelt und schon am 8. Dezember 1883 wurde in Köln die endgültige Gründung des Provinzialvereines beschlossen. Es waren dort 78 Mitglieder der verschiedensten Schulen erschienen, die in ihrem wichtigen Beschlusse durch Zuschriften aus 34 nicht persönlich vertretenen Kollegien unterstützt wurden. Dem unermüdlichen verdienstvollen Arbeiten der beiden ersten Leiter des Vereins, Prof. Giesen (Bonn) und Prof. Gilles (Essen), gelang es nun, immer mehr Kollegen heranzuziehen, so dafs der Verein schon im Jahre 1884 476 Mitglieder zählte, unter denen sich auch 14 Leiter höherer Lehranstalten befanden; gegenwärtig gehören dem Vereine über 900 Mitglieder an, unter denen 21 von höheren Mädchen-, Stadt- und Landwirtschaftsschulen sind. Es ist nicht nötig, hier des weiteren auseinanderzusetzen, welche grofsen Errungenschaften in betreff der sozialen Stellung, des Ranges, Titels und Gehaltes der rheinische Lehrerstand dem Wirken dieses Vereines, an dessen Spitze nach Giesens Tod der umsichtige und seine ganze Kraft für ihn einsetzende Prof. L. Stein (Köln) trat, zu verdanken hat. Durch diesen Provinzialverein ist es denn auch gelungen, in den Städten, in welchen sich mehrere höhere Schulen befinden, die Kollegen zu einem gemeinsamen gesellschaftlichen Verkehr zu bringen, wie ihn seit langen Jahren die übrigen Stände, besonders die Juristen in einer die Hebung des ganzen Standes trefflich fördernder Weise gepflegt hatten.

3. Die Schüler.

In den heutigen mit allem möglichen Luxus ausgestatteten, den Anforderungen der Hygiene in Beziehung auf Licht, Luft, Einrichtung der Bänke, Tische u. s. w. völlig entsprechenden Schulbauten wird man vergebens ein Gelafs suchen, welches früher in dem inneren Schulleben eine gewisse nicht unwichtige Rolle gespielt hat: den Karcer. Es ist das nicht unwesentlich, sondern hängt mit der ganzen Entwickelung des höheren Schullebens eng zusammen. Die rohen Ausschreitungen, welche in den vergangenen Zeiten nicht völlig zu unterdrücken waren sind mit der im ganzen gesellschaftlichen Leben sich vollziehenden Änderung geschwunden und mit ihnen auch die harten Strafarten, wie die schweren körperlichen Züchtigungen und die oft tagelange Entziehung der Freiheit durch das Einsperren in den Karcer. Die vervollkommneten Schulen, die allgemeine Bildung, der wachsende Wohlstand haben auch unter den Schülern eine feinere Gesittung geschaffen. Das Schülermaterial, welches die preußische Regierung bei der Übernahme der Rheinprovinz vorfand, war zum großen Teil den neuen schweren Aufgaben nicht gewachsen. Eine mangelhafte und vor allen Dingen sehr ungleichmäßige Vorbildung, welche erst allmählich durch die Verbesserung der Elementarschulen gehoben wurde, trat einem ersprießlichen Unterricht hindernd entgegen, namentlich die Schüler der oberen Klassen konnten den an sie gestellten Anforderungen nicht genügen. In Bonn nannte man z. B. 1816 die Schüler der Prima, weil sie eigentlich nicht auf dem Standpunkte von Primanern ständen, nach einem Vorschlage Graßhofs „Großsekundaner“. Es war nicht selten, daß in Quarta und Quinta 16—18 jährige Zöglinge sich befanden, welche, wie die Geschichte des Marzellen-Gymnasiums in Köln sagt, „ihrem Alter und ihren Talenten nach in der Prima und Sekunda sitzen sollten und nur darum dieser traurigen Aussicht auf eine späte Reife dahingegeben sind, weil sie zu unverantwortlich lange in den niederen Schulen und mehr noch in einem höchst dürftigen Privatunterricht aufgehalten wurden.“ In Cleve verläßt 1823 ein Schüler die Anstalt nach halbjährigem Besuche der Sekunda und begiebt sich auf das Gymnasium zu Dortmund, „seiner Angabe nach, um noch vor Beziehung der Universität die Welt (!) kennen zu lernen, in der That aber, in der Hoffnung, zur Abkürzung der Schuljahre sogleich in Prima einzutreten, wie denn auch geschehen ist.“ Einen anderen, schon im 22. Lebensjahre stehenden Schüler, der in einzelnen Unterrichtsgegenständen noch der Tertia zugewiesen war, zieht dieselbe Hoffnung ebendahin, unterwegs aber wird seine Ansicht durch Belehrung einiger Bonner Studenten dergestalt gefördert, daß

r sofort zur Universität in Bonn übergeht, wo er dann nach
estandener Prüfung Medizin studiert."

Nicht zum wenigstens klagen die Realanstalten über
schlechtes Schülermaterial, besonders dort, wo in derselben
Stadt sich auch ein Gymnasium befand. Was von Trier S. 45
gesagt worden ist, das trifft auch auf andere Realanstalten zu.
So heißt es in der Geschichte der Realschule zu Köln: ein Teil
der Schüler bestand aus jungen Leuten, welche in den Gymnasien oder anderen Schulen nur wenige Fortschritte gemacht
hatten, und entweder geringe Anlagen oder einen zur Gewohn-
heit gewordenen Mangel an Fleiß in die neue Laufbahn mit
sich herüberbrachten." Dazu kam die bei dem Mangel an Lehrkräften in den ersten Jahrzehnten so oft notwendig werdende Zu-
sammenlegung der einzelnen Klassen, welche schädigend auf den
Geist der Schüler einwirken mußte. Auf eine gute Disziplin
hatte schon Sack in den vorläufigen Instruktionen hingewiesen,
aber besonders dabei hervorgehoben, daß alle körperlichen
Züchtigungen, namentlich für die höheren Klassen, gänzlich
untersagt sein sollten; von dem Einsperren, besonders in „einem
ungesunden finsteren Loche, auch nicht mit mehreren zusammen,
auch nicht an solchen Orten, wo der Mutwille der Eingesperr-
ten Nahrung anderer Art findet", will er nicht viel wissen. Dennoch wurden diese schweren Strafen noch recht lange Zeit ge-
handhabt. Mehrtägige Karcerstrafen bei Wasser und Brot gehörten z. B. in Bonn nicht zu den Seltenheiten. „Selbst
Geldstrafen spielten eine Rolle. Wenigstens findet sich ein
Konferenzbeschluß vom Jahre 1825, wonach in Zukunft bei Zu-
messung von Strafgeldern nur bis zu drei Stübern gegangen,
darüber hinaus aber andere, schärfere Strafen verhängt werden
sollten. Die Schüler, über die eine Arreststrafe verhängt wurde,
hatten als Gebühren dem Schuldiener bis zur Quarta zwei,
weiterhin vier gute Groschen zu entrichten." Auch anderswo
wurde mehrfach das „Karieren bei Wasser und Brot" angewendet. Selbst die anderen staatlichen Behörden mischten sich
ein, um die Disziplin aufrecht zu erhalten, so erhielt noch 1830
die Polizei in Neuß, wo einige Schüler eines Abends blinden
Lärm geschlagen und andere leichtsinnige Knabenstreiche ver-
übt hatten, von dem Landrate die strenge Weisung, jeden

Schüler, der sich nach der Abendschule, ohne einen schriftlichen Auftrag seiner Eltern vorzeigen zu können, auf der
Strafse aufhalte, für die Nacht in das Kantonalgefängnis abzu-
führen. Auch vor der Ansteckung demagogischer Bestrebungen
suchte man die Schüler eifrig zu hüten, es wurden verschiedentlich Warnungen vor solchen „unnötigen Schwärmereien" erlassen, ohne dafs jedoch das Verbindungswesen völlig verhindert
werden konnte, das in den zwanziger und dreifsiger Jahren auch
in der Rheinprovinz einzelne frühreife Burschen vereinigte, um
hinter dem Glase Bier auf der Bundeskneipe über gewaltsame
Reformen auf politischem und kirchlichem Gebiete zu faseln.
Die übermäfsig scharfen körperlichen Züchtigungen, besonders das
Schlagen mit dem Stocke, welches selbst noch in den oberen Klassen
angewendet wurde, bewogen jedoch schon 1820 die für die Be-
gutachtung des Schulgesetzentwurfes von 1819 eingesetzte Kommission von Cleve-Berg (siehe S. 14) sehr ernstlich die körperliche Züchtigung besonders in den oberen Klassen zu verbieten,
auch bei den über 14 Jahre alten Schülern soll sie gar nicht
angewendet werde. 1824 erging dann vom Ministerium eine
neue Verfügung über die Anwendung körperlicher Züchtigungen
und noch 1838 wurden von dem Provinzial-Schulkollegium in
Coblenz genaue Berichte über die Art und Weise eingefordert,
wie bei Anwendung solcher Züchtigungen in den Gymnasien
verfahren werde. Anderseits waren in den Instruktionen Sacks
auch die richtigen Fingerzeige für die Austeilung von Lob und
Belohnungen für Fleifs und gutes Betragen gegeben worden.
Aufgeräumt war mit der französischen Unsitte der Ehren- und
Schandzeichen (siehe S. 71), der silbernen Kettchen und Sternchen, auch die jährlichen Preisverteilungen an Büchern wurden
eingeschränkt, die Preise für einzelne Lektionen ganz abge-
schafft. Den einzelnen Schulen wurde es dann überlassen,
Schulgesetze und Disziplinarordnungen in gemeinschaftlicher
Beratung aller Lehrer zu entwerfen, welche den Lokal- und
Personal-Verhältnissen angepafst werden sollten. Mit trefflicher
pädagogischer Einsicht war dabei bemerkt worden, dafs vor
allen Dingen bei Aufstellung einer solchen Disziplinarordnung
der Fehler vermieden werden müsse, Gesetze zu geben, die
nicht befolgt werden können, oder gar hinterdrein widerrufen

werden müssen. Diese nun von den rheinischen höheren Anstalten erlassenen sehr umfangreichen Schulgesetze, Disziplinar-
verordnungen, Verfassungen enthalten natürlich zumeist Bestimmungen, die in dem unabänderlichen Wesen einer jeden Schul-
gemeinschaft begründet sind, doch haben sie so manchen Para-
graphen, welcher heute wunderlich erscheint, damals jedoch
durch die aus früheren Zeiten stammenden Unsitten im Schüler-
leben sehr notwendig war. So heißt es z. B. in den Satzungen
des Friedrich-Wilhelms-Gymnasiums zu Köln: „Kein Schüler
darf mit Stock, Pfeife u. s. w. in der Schule erscheinen und
wird im entgegengesetzten Fall augenblicklich hinausgewiesen.
Das Tabakschnupfen wird untersagt, dem Schüler wird Achtung
vor dem Gesetz, dem Schullokal, den Schulutensilien, den Unter-
richtsmitteln eingeschärft und ihm achtens noch „Achtung vor
dem Menschen überhaupt und vor dem Vorgesetzten insbesondere" zur Pflicht gemacht, welche Achtung dann wieder in fünf
Unterarten zerfällt, nämlich 1) vor sich selbst, 2) vor seinen
Mitschülern, 3) vor seinen Lehrern, 4) vor allen seinen Vorgesetzten und 5) vor jedermann. Diese Gesetze sollen halb-
jährlich öffentlich vorgelesen werden, und wird außerdem auch
dem Religionslehrer aufgetragen, durch Bezugnahme darauf sie
mit dem Religionsunterricht in Beziehung zu setzen und den
unbedingten Gehorsam der Schüler durch die Weihe der Gesinnung zu veredeln." Zur Befolgung dieser Vorschriften mußte
sich, wie es scheint, jeder Schüler durch seine Namensunter-
schrift verpflichten. Doch fehlt in diesen 1824 erlassenen „Dis-
ziplinareinrichtungen des Königlichen Karmeliterkollegiums", wie
damals noch das nicht vollständige Gymnasium hieß, ein Para-
graph, der 1821 von dem Königl. Konsistorium und Schulkollegium der Provinz Cleve und Berg angeordnet, sowohl in den
damals erlassenen Gesetzen dieses Karmeliter-Kollegiums als
auch in denen der anderen höheren Schulen dieses Bezirkes erscheint. „Die Pflicht der Dankbarkeit erfordert es — in den
Düsseldorfer Gesetzen lautet der Satz noch einfacher: „Der
Schüler ist verpflichtet" — daß jeder abgehende Schüler von
seinen sämtlichen Lehrern und dem Direktor Abschied nehme
und für den genossenen Unterricht, wie die gesamte, seiner Erziehung gewidmeten Aufsicht und Leitung ihnen danke. Die

Unterlassung desselben, fügten die Düsseldorfer Gesetze in aller
Kürze hinzu, wird im nächsten Programm bemerkt werden."
In diesen Programmen sind dann auch eine Zeitlang in der
That die Namen solcher ohne Abschied fortgegangenen Schüler
zum abschreckenden Beispiel verzeichnet.

Im großen und ganzen war das Betragen und der Fleiß
der Schüler, abgesehen von den in den Zeitverhältnissen liegenden Unarten, nicht schlechter und nicht besser, als es heute ist;
andererseits aber darf man auch nicht meinen, daß bei der damaligen einfacheren Lebensweise, den schlichteren gesellschaftlichen Sitten und Gewohnheiten solche Klagen nicht vorge-
kommen seien, wie sie heute erhoben werden, wo die Gefahr
der Zerstreuung, die Gewöhnung an den materiell erhöhten
Lebensgenuß die strenge Arbeitsamkeit so sehr schädigen und
die Schüler von dem idealen Streben ablenken soll. Es dürfte
hierfür eine in dem Vorwort zu den Düsseldorfer Schulgesetzen
1821 von Kortüm gemachte Anmerkung nicht ohne Bedeutung
sein, zumal die nächste fünfte Direktoren-Konferenz der Rheinprovinz sich ja mit dieser Frage beschäftigen wird, zu der sie
das Thema gestellt hat: „Welche geistigen und sittlichen Ge-
fahren für die Schüler der höheren Lehranstalten, vorzugsweise
die erwachseneren, machen sich in der Gegenwart besonders
fühlbar, und durch welche Einrichtungen vermag die Schule
denselben entgegenzutreten?"

Kortüm sagt daselbst: „Wie aber in neueren Zeiten fast
keine Thorheit in irgend einer Sphäre des Menschenlebens
hervortritt, die nicht erst in allen ihr ähnlichen Sphären ihren
Kreislauf zu vollenden sucht, so konnte auch die hiesige Schule
nicht ganz unberührt bleiben von den Verkehrtheiten, die hin
und wieder in den neuesten Zeiten der Jugend zur Last gelegt,
aber mit Unrecht ihr allein zum Vorwurf gemacht werden, da
das Zeitalter selbst und diejenigen, von denen die Erziehung
der Familie abhängt, die Familie und die Schule, ebenfalls Teil
daran haben. Wie wäre es möglich, daß in Knaben und Jünglingen das Streben nach Ungebundenheit zum Handeln werde,
Mangel an Ehrfurcht vor dem Alter, Rechthaberei ihnen mit
Grund vorgeworfen wird, wenn in allen Familien von der Kind-
heit an zum Gehorsam in der Liebe erzogen würde, anstatt

dafs man jetzt so häufig nur zum Gehorsam in der Erkenntnis erzieht, eine Erziehungsweise, die, weil sie das Kind vor der Zeit rechten lehrt, die Fülle der Liebe mindert, und also dasjenige entzieht, in dem allein die richtige Erkenntnis aufgehen kann. Wie wäre es möglich, dafs unter der einer Schulanstalt anvertrauten Jugend sich die Karikatur akademischer Freiheit und Ungebundenheit ausbildete, wenn nicht Eltern und Lehrer sich selbst täuschend von dem Wesen des Schullebens irrige Begriffe hätten, und ihren Zöglingen eine Selbständigkeit verstatteten, mit der sie nicht zu schalten wissen und die sie zu ihrem Verderben mifsbrauchen?"

Eine eigentümliche Einrichtung, die jetzt wohl völlig aus den höheren rheinischen Schulen verschwunden ist, waren die sogenannten Silentien, eine Überlieferung der geistlichen Schulen. Auch hier hatte Sack mit richtigem pädagogischen Gefühle das schädliche derselben erkannt und in der „Vorläufigen Instruktion" genaue Mafsregeln über dieselben gegeben: „Die fast in allen höheren Schulen der hiesigen Gegend von alters her eingeführten Silentien oder Repetitorien haben den grofsen Nachteil, dafs sie den reifenden Jüngling, indem er ewig am Gängelbande geführt wird, von eigener Regsamkeit, Selbständigkeit und Selbstthätigkeit zurückhalten und so einen Hauptzweck der Erziehung ganz aufheben. Sie sind daher, in den beiden oberen Klassen gar nicht, in den unteren nur insofern zuzulassen, als dafür, außer dem öffentlichen Schulgelde, noch ein besonderes Silentiums-Geld bezahlt wird, für welches die Lehrer abwechselnd oder einer besonders, die Aufsicht übernehmen. Verschiedene Klassen aber in ein Lehrzimmer zu diesem Zweck zusammenzusperren, kann zu nichts führen, als zu Unordnungen. Man suche die Eltern von der Notwendigkeit zu überzeugen, zu Hause über den Fleifs ihrer Kinder selbst zu wachen und durch Umgang und Beispiel den schönen Teil der Charakterbildung zu vollenden, den nur der trauliche Umgang eines glücklichen Familienlebens für das ganze künftige Leben des Jünglings gewähren kann; man gebe den Kindern eine hinreichende Beschäftigung für ihren häuslichen Fleifs, man halte streng auf die Ablieferung der aufgegebenen Arbeiten, und prüfe sie sorgfältig, so werden die Silentien nicht notwendig sein, es müfste denn Eltern geben, die nur froh sind, den ganzen Tag über ihre Kinder nicht vor ihren Augen zu sehen und unnatürlich genug sich ihrer ganz zu entraten." Doch wird man den Generalgouverneur der Rheinprovinz wohl von der Unausführbarkeit der Abschaffung dieser Silentien überzeugt haben, denn in den „Näheren Bestimmungen" der vorläufigen Instruktion giebt er die Abhaltung von Silentien, als Wiederholung der Tageslektion zu, und erkennt sogar an, dafs als Übung der Selbstthätigkeit im Auffinden eigener Beispiele für die Regeln der Tageslektion, wie auch als Vorbereitung auf den folgenden Tag benutzt, sie für die unteren Klassen von grofsem Nutzen sein werden. Diese Silentien sind dann auch fast in allen höheren Schulen des Rheinlandes eingeführt worden, hier und da hat man sie um die Mitte des Jahrhunderts wohl fallen lassen, doch finden sie sich noch bis zu den siebziger Jahren an einigen Anstalten erwähnt.

Es ist schon oben (S. 84) bemerkt worden, dafs die Erziehungsfrage heute zu einem der gefährlichen Schlagwörter geworden ist, unter denen sich Unkenntnis oder die noch schlimmere Halbkenntnis von dem eigentlichen Wesen der höheren Schulen verbirgt. In einem guten Unterricht liegt auch die richtige Erziehung der Schüler, deren bester und gröfster Teil den Eltern zufallen mufs. Dafs die rheinischen höheren Schulen nun auch die Erziehung ihrer Schüler wohl zu leiten verstanden haben, dafür zeugt wohl am besten die geringe Zahl von Internaten, Alumnaten, Pädagogien, Pensionaten u. s. w. Wir sehen hierbei von den katholischen Konvikten, wie sie in Trier und Neufs bestehen, ab, die fast ausschliefslich nur für Knaben bestimmt sind, die sich dem geistlichen Stande widmen wollen. Versuche, Pensionate zu gründen, welche mit den Schulen verbunden wären, haben in den ersten Zeiten allerdings stattgefunden, z. B. in Köln, wo die Eröffnung eines solchen Institutes mit Übungen im Tanzen, Musik, französischer Sprache u. s. w. in Aussicht gestellt war. Doch sind dieselben nur selten zur Ausführung gekommen, wie in dem am Gymnasium in Moers seit Ostern 1885 bestehenden Alumnat „Martinsstift" und dem 1890 von der rheinischen evangelischen Missionsgesellschaft gegründeten „Johanneum", sowie in dem seit 1858 am Gymnasium zu Wetzlar bestehenden Privatpensionat, und der von 1869 datierenden Hoppeschen Studienstiftung am Gymnasium zu Emmerich. Zu diesen Internaten würden dann noch hinzuzurechnen sein die Ritterakademie in Bedburg und die katholisch-geistliche Privat-Unterrichts- und Erziehungsanstalt zu Gaesdonk (siehe S. 24), außerdem die katholische Knaben-Unterrichts- und Erziehungsanstalt Kemperhof-Coblenz, die höhere simultane Privat-Knabenschule in Oberkassel-Bonn. Den beiden letzten ist auch das Recht zur Ausstellung gültiger Zeugnisse für den einjährig-freiwilligen Dienst verliehen.

Es ist nicht möglich, aus der Zahl der Schüler, welche in den rheinischen höheren Schulen erzogen und unterrichtet worden sind, alle die zu nennen, welche zu den bedeutendsten und hochangesehensten Männern der Wissenschaft, der Kunst, des Handels und Gewerbes in unserem Vaterland zählen, ihre Namen würden ein eigenes Buch ausfüllen, nur das eine möge noch gesagt sein, daß aus dem französischen Geiste, der wie ein Viperngift, wie Grashof in seiner Rede zur Eröffnung des Jesuiten-Gymnasiums zu Köln sagte, die Schüler durchdrungen hatte, durch den Einfluß der deutschen Schule ein wahrhaft deutscher, vaterländischer Sinn geworden ist. Wie einst auf den Ruhmestafeln der alten preußischen Provinzen unter den Namen der für das Vaterland im Freiheitskampfe gefallenen Helden auch die vielen Schüler prangten, welche auf den Ruf ihres Königs die Schule verließen und begeistert ins Feld zogen, so kann nun auch das Rheinland mit hohem Stolze auf seine Schüler blicken, die jetzt vor 25 Jahren nach Frankreich zogen, um mit den übrigen deutschen Stämmen vereint nun auch die letzte Erinnerung an die ehemalige französische Herrschaft mit ihrem Blute von dem rheinischen Namen zu tilgen. Ohne prahlende Worte, ohne agitatorische Erregung haben die höheren Schulen in langsamer Arbeit diesen patriotischen Sinn zu wecken und zur hellen Flamme der Vaterlandsliebe zu entfachen gewußt; in den früheren Zeiten gab es nur selten Gelegenheit zu allgemeinen patriotischen Festen der Schüler; bis in die Mitte des Jahrhunderts wurde außer dem Geburtstage des Königs nur der 18. Oktober als Gedenktag der Schlacht von Leipzig gefeiert. Seit 1870 haben sich diese Gedenktage vermehrt; die

Erinnerung an den ersten Kaiser und seinen Heldensohn wird jedes Jahr rege erhalten, und auch die Paladine des ersten Kaisers sind in den höheren Schulen gefeiert worden. Leider ist bei der Lage der Ferien an die Stelle der Feier des 18. Oktober 1813 keine allgemeine Schulfeier zur Erinnerung an den 2. September 1870 getreten, wie sie in den östlichen Provinzen unseres Landes alljährlich stattfindet.

Über die Schülerfrequenz sind regelmäfsige statistische Nachrichten erst spät eingeführt worden, 1830 für die Gymnasien allein, 1853 für die Realschulen und Progymnasien. Es ist daher sehr schwer, auch für die Rheinprovinz bis zu dem Jahre 1853 genaue Angaben zu machen, zumal da in den älteren Programmen wenig Rücksicht gerade auf diese wichtige Frage genommen worden ist. Doch mögen folgende Zahlen wenigstens ein ungefähres Bild der Schülerfrequenz der höheren Schulen der Rheinprovinz von 1815, 1832, 1853 und 1894 geben. Für die meisten kleineren Anstalten, sowie für die seit 1870 entstandenen Schulen mag es genügen, die Frequenz des Jahres 1894 anzuführen.

Die Gymnasien: Aachen Kaiser Karls Gymnasium. 1816: 98. 1820: 116. 1826: 324. 1832: 295. 1853: 463. 1894: 460. Vorklassen 94. Der anfänglich schwache Besuch des Gymnasiums, welches in den ersten Jahren die Konkurrenz eines anderen vollständigen Gymnasiums in seiner Nähe nicht zu befürchten hatte, erklärt sich, wie das auch wohl für manche andere Gymnasien damals zutreffen wird, aus dem Bestehen zahlreicher privater Nebenanstalten. Über diese findet sich in den Akten des Provinzial-Schulkollegiums in Coblenz folgende interessante Bemerkung: „Bis 1821 bestanden in Aachen und seiner Umgebung, wie auch weit verbreitet auf dem Lande, eine Menge Nebenschulen, die sich auf Lateinunterricht beschränkten, die in den damaligen Verhältnissen den jungen Leuten, besonders jener, welche zum geistlichen Stande aspirierten, zu ihrem Zwecke genügend waren. Nun traten strengere Forderungen, die Universität zu besuchen, ein, daher vermehrte sich die Schülerzahl; indessen konnten zu einem damals noch im Gange gehaltenen philosophischen Kursus eines Klerikers aus Tertia sogar Schüler übergehen. Das hörte auf durch den Hinweis des Erzbischofs. Das gänzliche Aufhören aller Privatschulen, welche neben dem Gymnasium bestehen wollten, erfolgte 1824." — Das seit 1839 bestehende Königl. Kaiser Wilhelm-Gymnasium in Aachen zählte 1893: 246, die Vorklassen 90 Schüler.

Barmen: 1823/24: 21. 1831/32: 130. 1853: 238. 1893: 457. Vorklassen 99.

Bedburg: 1853: 55. 1894: 77.

Bonn: 1814: 59. 1816: 126. 1832: 123. 1853: 363. 1894: 530.

Cleve: 1817: 55. 1821: 97. 1832: 125. 1853: 99. 1894: 188.

Coblenz: 1816: 128. 1820: 262. 1824: 342. 1832: 295. 1853: 389. 1894: 460. Vorklassen 57.

Crefeld: 1863: 132. 1894: 434. Vorklassen 62.

Düren: 1816: 150. 1832: 160. 1853: 230. 1894: 325. Vorklassen 150.

Düsseldorf: 1816: 159. 1819: 210. 1822: 311. 1832: 273. 1853: 283. 1894: 500. Vorklassen 88.

Duisburg: 1827: 97. 1832: 138. 1853: 230. 1894: 205. Vorklassen 48.

Elberfeld: 1817: 30. 1819: 94. 1826: 133. 1832: 77. 1853: 190. 1894: 420. Vorklassen 118.

Emmerich: 1832: 46. 1832: 75. 1853: 217. 1894: 210.

Essen: 1819: 128. 1832: 82. 1853: 239. 1894: 469.

München-Gladbach: 1822: 65. 1824: 72. 1853: 70. 1894: 322.

Kempen: 1831: 41. 1853: 54. 1894: 142.

Köln: 1815 Gymnasium 31. Jesuitenkollegium 110. Karmeliterkollegium 66. An Marzellen 1827: 504. 1832: 340. 1853: 553. 1894: 439. Friedrich Wilhelm: 1825: 269. 1832: 151. 1853: 399. 1894: 618. An Aposteln: 1860: 242. 1894: 373. Kaiser Wilhelm: 1868: 101. 1894: 382.

Kreuznach: 1819: 120. 1821: 192. 1832: 120. 1853: 163. 1894: 178. Vorklassen 22.

Mörs: 1833: 19. 1853: 84. 1894: 203.

Mülheim a. d. Ruhr: siehe unter den Realanstalten.

Münstereifel: 1827: 132. 1832: 135. 1853: 145. 1894: 234.

Neuß: 1815: 78. 1823: 103. 1831: 75. 1853: 263. 1894: 320. Vorklassen 26.

Neuwied: 1839: 45. 1859: 161. 1894: 273.

Prüm: 1815: 56. 1832: 10. 1853: 41. 1894: 280.

Saarbrücken: 1814: 55. 1825: 121. 1832: 113. 1853: 155.
    1894: 380. Vorklasse 15.

Siegburg: 1818: 30. 1819: 11. 1825: 21. 1834: 37. 1853: 46.
    1894: 243.

Trarbach: 1819: 60. 1835: 26. 1853: 68. 1894: 138.

Trier: 1816: 386. 1824: 505. 1832: 304. 1853: 442. 1894: 588.

Wesel: 1824: 89. 1831: 143. 1853: 198. 1894: 304.

Wetzlar: 1816: 13. 1825: 135. 1832: 98. 1853: 121.
    1894: 162.

Die Frequenz der Progymnasien, Realprogymnasien, höheren
Bürgerschulen u. s. w. läfst sich erst genauer seit 1853 beziehungsweise seit 1859 bestimmen, sie hat sich folgendermafsen
entwickelt:

Andernach: 1817: 50. 1829: 14. 1830: 18. 1853: 22.
    1894: 87.

Boppard: 1894: 83.

Brühl: 1894: 75.

Dülken: 1894: 107.

Düren: 1894: 150.

Eschweiler: 1894: 168.

Eupen: 1815: 63. 1820: 58. 1857: 127. 1863: 83. 1894: 150.

Euskirchen: 1851: 27. 1894: 106.

Jülich: 1844: 41. 1853: 74. 1894: 108.

Langenberg: 1894: 110.

Lennep: 1863: 97. 1894: 110.

Linz: 1853: 90. 1894: 100.

Malmedy: 1894: 60.

Oberhausen: 1894: 131.

Remscheid: 1894: 277.

Rheinbach: 1894: 129.

Rheydt: 1859: 101. 1863: 137. 1894: 299.

Saarlouis: 1834: 11. 1863: 109. 1894: 165.

Sobernheim: 1894: 102.

Solingen: 1841: 23. 1853: 97. 1865: 135. 1894: 180. Vor-
    klassen 94 und 49.

Viersen: 1894: 158.

St. Wendel: 1859: 34. 1894: 98.

Wipperfürth: 1853: 41. 1894: 60.

Aus der Reihe der höheren Schulen geschieden ist das frühere Progymnasium in Erkelenz, das 1853: 55. 1863: 83 Schüler zählte.

Die Frequenz an den eigentlichen Realanstalten, den späteren Realgymnasien, Ober-Realschulen und Realschulen ist auch erst seit 1853 genauer festzustellen. Was zu ermitteln war, ist folgendes:

Aachen: Realgymnasium 1835: 62. 1853: 197. 1894: 326.
Vorklassen 96.
Oberrealschule 1894: 418.

Barmen: Realgymnasium 1853: 212. 1859: 370. 1894: 266.
Oberrealschule 1894: 254.
Realschule 1894: 400.

Bonn: Oberrealschule 1894: 336.

Coblenz: Realgymnasium 1894: 300.

Crefeld: Realgymnasium 1819: 36. 1853: 160. 1859: 217.
1894: 240. Vorklassen 89.
Oberrealschule 1863: 252. 1894: 535. Vorklassen 65.

Düsseldorf: Realgymnasium 1838: 86. 1840: 222. 1845: 247.
1853: 168. 1859: 250. 1894: 573. Vorklassen
132; nunmehr mit Gymnasium verbunden.
Realschule 1894: 613. Vorklassen 119.

Duisburg: Realgymnasium 1831: 64. 1853: 51. 1859: 53.
1894: 432. Vorklassen 55.

Elberfeld: Realgymnasium 1853: 208. 1859: 272. 1894: 472.
Vorklassen 106.
Oberrealschule 1894: 362. Vorklassen 62.
Realschule 1894: 240. Vorklassen 43.

Essen: Realgymnasium 1864: 130. 1894: 220. Vorklassen 83.
Realschule 1894: 510.

München-Gladbach: Realschule 1894: 274.

Köln: Realgymnasium, jetzt Gymnasium und Realgymnasium
1828/29: 85. 1831: 106. 1832: 172. 1860: 654.
1894: 560. Vorklassen 80.
Oberrealschule 1894: 490. Vorklassen 164.
Realschule 1894: 600.

Mülheim a. Rhein: Realgymnasium mit Gymnasialklassen. 1863: 103. 1894: 270.

Mülheim a. d. Ruhr: Jetzt Gymnasium mit Realklassen. 1859: 184. 1894: 538.

Saarbrücken: Oberrealschule 1894: 430.

Trier: 1822: 25. 1826: 50. 1829: 65. 1844: 77. 1847 mit der Bürger- und Gewerbeschule vereinigt 232. 1853: 192. 1859: 172. 1894: 392. Vorklassen 16.

Rückblick.

Im Jahre 1815 kaum sechs höhere Schulen, von denen nur zwei den Namen wirklich verdienten, im Jahre 1895 36 Gymnasien, 15 Progymnasien, 10 Realgymnasien, 6 Realprogymnasien, 8 Ober-Realschulen, 9 Realschulen, welch eine erstaunliche Entwickelung des rheinischen höheren Schulwesens liegt in diesen Zahlen ausgedrückt. Als die preußische Regierung das Rheinland in Besitz nahm, fand sie eine ganz fremde, zum Teil auch durch die Konfession von den alten Landesteilen geschiedene Bevölkerung vor. Sie hat dieselbe nicht nur mit den Waffen erobert, sondern vor allem mit der Macht wahrer geistiger Bildung gewonnen, welche gerade bei dem aufgeweckten Sinne der Rheinländer rasch feste Wurzeln fassen und die schönsten Früchte tragen mußte. Wohl kaum in einem anderen Teile unseres Vaterlandes liegt ein so handgreifliches, glänzendes Ergebnis eines Entwickelungsganges des höheren Schulwesens vor, bei dem materielle Schaffenskraft und intellektuelle Geistesmacht so Hand in Hand gegangen sind. In den verschiedenen Benennungen der höheren Lehranstalten der Rheinprovinz stellt sich aber auch zugleich der große Kampf dar, welcher durch die neue Zeit mit ihrem erweiterten Wissen auf den Gebieten der Naturwissenschaft, der Physik und Chemie, der wissenschaftlichen Ergründung und des methodischen Betriebes der neueren Sprachen gegen die alten humanistischen Anstalten erhoben worden ist. Es ist in den vorhergehenden Abschnitten gezeigt worden, wie die an und für sich vollberechtigte Idee der Realschulen durch die Aufnahme des Lateinischen verwirrt und verdunkelt worden ist, nicht ohne Schuld der Regierung, welche durch die zu scharfe Betonung des Berechtigungswesens die Realschule zu der Einstellung der alten Sprachen in den Lehrplan gezwungen hat. Jetzt nun beginnt die ursprüngliche Idee feste und dauerhafte Gestaltung zu gewinnen; die Realgymnasien und Progymnasien gehen entweder zu den Gymnasien über oder sie werden durch die lateinlosen Schulen, die Ober-Realschulen und Realschulen überflügelt. Die in der Aufstellung der Schülerfrequenz angeführten Zahlen reden eine sehr klare und deutliche Sprache. Doch ein Großes und Herrliches ist es, welches dieser Kampf zwischen den humanistischen und realistischen Schulen, der ganz besonders im Rheinlande seinen Schauplatz gehabt hat, mit sich gebracht hat, daß von Anfang an auch die Realanstalten die wissenschaftliche Bildung als ihr Ziel hingestellt und nicht das nächste Bedürfnis des praktischen Lebens als maßgebend angesehen haben. — Wenn Theobald Ziegler seine Geschichte der Pädagogik mit den Worten schließt: „Übergangszeit ist böse Zeit. Das Alte ist fraglos alt geworden, ein Neues ist im Anzug, aber die Form dafür noch nicht gefunden. Was uns daher wie im politischen und sozialen Leben, so auch in den Erziehungs-, Unterrichts- und Bildungsfragen zumeist Not thut, das sind Ideen und Ideale, und was heute vielleicht mehr als je von denen, die theoretisch und praktisch auf diesem Gebiete arbeiten, gefordert wird, das sind Opfer und die Fähigkeit Opfer zu bringen. Hoffen wir darum, daß es der deutschen Schule auch in Zukunft nicht an ideenreichen Köpfen und an opferbereiten Herzen fehle", so darf man nach dem ganzen Entwickelungsgang des rheinischen höheren Schulwesens die zuversichtliche Hoffnung aussprechen, daß im Rheinland diese Ideen und Ideale, diese opferbereiten Herzen, wie sie von Anfang an so zahlreich dagewesen sind, auch in der Zukunft nicht werden vermißt werden. Und wenn vielleicht nach zwanzig Jahren bei dem 100 jährigen Jubelfest der Reorganisation und Neuschaffung der rheinischen Schulen das ganze höhere Schulwesen eine feste, bleibende Gestaltung gewonnen hat, dann dürfen auch diese rheinischen Schulen mit gerechtem Stolz zurückblicken auf ihre Arbeit und ihr Wirken, durch welches sie die schönste Provinz unseres Vaterlandes den übrigen Landesteilen auch in geistiger Beziehung würdig zur Seite gestellt haben.

Druck von Bä: & Hermann in Leipzig.